인체의 균형을 잡는 생명에너지 활용법

기공 마사지

만탁 치아 저/김경진 옮김

책 머리에

이 책은 실제로 비전 도교 기공 시스템 전반에 대한 포괄적 해설서이다. 나의 책들을 모두 합하면 도교적 세계관이 명확히 드러날 것이다. 즉 다시 말해서 나의 모든 책들은 비전 도교 기공 시스템의 주요 부분들에 대한 각론인 셈이다.

여러분이 원한다면 하나하나의 책들은 그것만으로도 질병의 치유를 위해서, 또는 삶을 풍성하게 하기 위해서 공부하고 실행할 수 있게끔 되어 있다. 그러나 각 책들이 그 자체만으로도 이해가 가능한 것은 분명하지만, 비전 도교 기공의 체계 안에서는 각 책들에 실려 있는 방법들이 다른 책들의 방법들을 내포하고 있으므로 서로 연결하여 수련하는 것이 최선이다.

이 모든 것의 기초가 되는 것이 소주천의 궤도 명상 수련이며, 이것은 다른 모든 수련들과 연관되어 있다. 나는 일찍이 「자가치유건강법(*Awaken Healing Energy Through the Tao*)」에서 소주천 궤도에 대해 상세히 언급한 바 있다. 그리고 이번에는 이 책에서 '내면의 미소'와 '치유 육성', 그리고 기공 마사지에 대한 기법을 주로 다루고자 한다.

비전 도교 기공의 수련은 어느 책을 가지고 시작해도 무방하다. 다만 수련을 해 나가는 동안 의문점이 생기면 내가 쓴 다른 책들을 참조하기 바란다.

특히 나의 또 다른 책들은 성에너지 배양법에 관한 것이다. 성에너지의 배양과 활용에 관해 관심이 있는 분들은 「성도인술(*Healing Love Through the Tao*)」 남성편과 여성편을 참고하면 될 것이다.

지은이

감사의 말씀

나는 내게 비전 도교 기공의 지식을 전해 주신 도가(道家)의 고마우신 스승님들께 우선 감사드리고자 한다. 그분들은 아마도 이 지식들이 서양인들에게까지 전파되리라고는 미처 생각지 못하셨을 것이다. 이 책의 출판에 대한 필요성을 간파하여 내게 출판을 하도록 용기를 북돋아 주었고 초고를 다듬는 어려운 작업도 마다하지 않은 디나 색서(Dena Saxer)에게 깊은 사의를 표하며, 이 책의 완성에 큰 도움을 준 모든 분들께 감사드린다.

디나 색서는 이 책의 한 부분, 특히 기본적 단계별 지침을 써 주었고, 책의 제목을 선정해 주었으며, 주안 리는 화가로서 이 책의 표지 디자인과 본문 속에 나오는 인체 내부 기능에 대한 삽화를 위해 많은 시간을 할애해 주었다. 건더 웨일과 라이린 멀론, 그리고 다른 많은 제자들은 실제로 수련을 통해서 많은 경험을 나누어 주었다. 또 조 앤 커트리리아는 비서로서 무수한 접촉과 끊임없는 작업을 해주었고, 대니얼 보빅은 그 긴 시간 동안 컴퓨터와 씨름을 해주었으며, 존 로버트 질린스키는 새로운 컴퓨터 시스템을 활용하여 화일과 프로그램들을 재작성해서 새로운 과정을 신속히 처리할 수 있게끔 해주었다. 컴퓨터 컨설턴트인 애덤 삭스는 마지막 제작 과정에서 발생한 컴퓨터상의 문제점들을 해결하는 데 큰 도움을 주었으며, 헬렌 스타이츠는 원문을 컴퓨터에 입력시키고 편집 교정을 보아 주었고, 발레리 메사로스 또한 컴퓨터 편집과 교정, 사식을 맡아 주었다. 그리고 캐티 엄프레스는 디자인과 제본을 맡아 주었다. 전체적 편집을 맡은 마이클 원과 디자인 및 제작 책임을 맡은 데이빗 밀러, 그리고 귀한 조언과 함께 이 책의 발행을 맡아 준 펠릭스 모우 씨에게 특별히 감사드린다.

끝으로 사랑스런 아내 마니완과 귀여운 아들 맥스에게 감사한다. 만일 그들이 없었더라면 이 책은 단순히 학문적인 것으로 끝나고 말았을 것이다. 그들의 헌신에 대해 고마움과 사랑의 마음을 보낸다.

지은이

※ **주의** : 이 책은 약물 치료에 대해서는 아무런 처방이나 제안도 하지 않는다. 단지 신체 내부의 불균형 상태를 극복하기 위하여 내적인 에너지를 강화하고 바람직한 건강을 도모하는 수단을 제공할 뿐이다. 만일 수련시 이상이 발생하면, 반드시 의사와 상의하여 도움을 받기 바란다.

차례

제1부

내면의 미소와 치유 육성

제 1 장 치유도(治癒道)란 무엇인가?

1. 치유도 시스템

'치유도' 시스템은 질병과 스트레스를 예방하고 치료하며 생명의 모든 면을 강화하는 자활(自活) 시스템이다. 이 시스템의 가장 기본적 개념은 좀더 용이한 기법과 신체의 단련을 통해 생명 에너지〔氣〕를 증강시키는 것이다. 생명 에너지는 신체 내에 있는 침구학상의 경락들을 따라 순환하며 건강 · 활력 · 균형잡힌 감정들, 그리고 창조적이고 정신적인 표현들을 전달한다. 어느 누구라도 손쉽게 실천할 수 있는 이 '치유도'는 수백 년 묵은 도가의 수련법들을 현대에 맞게 표현한 것이다. 그 가운데 많은 부분이 예전에는 도가의 스승들과 그들의 엄선된 제자들로 이루어진 소수 엘리트 그룹에게만 알려졌던 것들이다.

1973년부터 나는 이렇게 강한 수련들을 이해하기 쉬운 시스템으로 만들어서 모국 타일랜드에서 사람들에게 가르치기 시작하였다. 그리고 1978년에 이 시스템을 미국으로 가지고 왔다. 즉 그때부터 뉴욕에 '도치료센터(Healing Tao Center)'를 열어서 수련법을 가르치기 시작하였던 것이다. 나는 오늘날 제자들과 함께 이 시스템을 미국과 유럽에 걸쳐서 여러 곳에서 가르치고 있다.

이 시스템의 목표가 정신적인 데 있기는 하지만, 이것은 결코 종교가 아니다. 이것은 불가지론이나 무신론은 물론 모든 종류의 종교와도 무관하다. 여기에는 종교 의식도 없고 무조건적으로 따라야만 하는 정신적 지도자도 없다. 스승이나 그 밑의 사범들이 높은 존경을 받고 있기는 하지만 신성시되는 것은 아니다.

이 시스템에서 중점을 둔 사항은 첫째가 내면의 미소이며, 둘째는 치유 육성(治癒六聲)이다.

여기에는 세 가지 단계가 있다.

1. 제 1 단계는 치유 에너지와 신체의 강화 및 안정에 중점을 두고,

2. 제 2 단계는 부정적 감정들을 강하면서도 긍정적인 에너지로 전환시키는 데 중점을 두며,

3. 제 3 단계는 창조적 · 정신적 수련들에 중점을 둔다.

모든 단계들은 정신적(명상적) 수련들과 태극권이나 철의 기공(鐵衣氣功)과 같은 육체적 수련들을 병행한다. 기초 코스인 소주천 행공(小宙天行功)은 내가 처음 낸 책 「소주천 수련에 의한 자가치유건강법(*Awaken Healing Energy Through Tao*)」에서 상세히 다루고 있지만, 이 책에서도 일상적 수련의 한 부분으로서

언급하고자 한다.

2. 도가 사상(道家思想)과 중국식 치유의 기본 개념

도가 사상은 그 기원이 5,000~8,000년이나 되었으며, 중국의 철학과 의학의 근원이다. 그것은 침구학의 모태가 되었으며, 지압·마사지와 같은 기법들이 발달하는 계기가 되었다. '도(道)'는 일찍이 '자연의 법칙', '자연의 질서', '끊임없이 변화하는 계절의 순환', '예(藝)', '방편(方便)', '힘', 또는 '하나의 방향(方向)' 등으로 묘사되어 왔다.

도가의 입장에서 보면, 건강을 위해서는 조화(하모니)와 균형이 절대적으로 필요하다. 사람의 몸을 내부 기관별로 독자적으로 분석하는 것이 아니라 하나의 전체로서 파악한다. 따라서 어떤 장기나 내분비선, 또는 시스템에 스트레스가 쌓이거나 부상을 입게 되면 몸 전체가 약해지게 된다. 또 몸은 자기 조절 기능을 가지고 있으므로 상황만 부여되면 자연히 균형을 향해 움직이게 된다. 질병은 몸속의 에너지〔氣〕가 막혔을 때 발생한다(우리 말에 '기가 막히네', '기막혀 죽겠네' 등등의 말이 있는데, 이는 예부터 우리 조상들이 스트레스나 충격으로 인한 에너지의 차단과 그에 따르는 부작용을 이미 알고 있었음을 뜻한다 — 역주). 신체의 한 부분에 너무 많거나 적은 에너지가 흐르면 그 부분에 질병이 발생하며 몸 전체에 스트레스가 쌓인다.

'치유도'는 어떻게 몸속의 생명 에너지를 일깨워 그것을 필요로 하는 신체 부위에 순환시키며, 불균형을 바로잡느냐 하는 것에 중점을 둔다. 비전 도교 기공의 시스템에서는 모든 장기들을 오행(五行)과 결부시킨다. 즉 쇠〔金〕· 물〔水〕· 나무〔木〕· 불〔火〕· 흙〔土〕이 곧 그것이다. 또한 이 시스템은 장기들을 계절이나 색깔, 또는 자연 상태 속의 변화(말하자면, 습하고 건조하고 바람이 불고 하는 것 등)와 연결지어 생각한다.

이런 상관 관계는 종종 해당 장기의 성격을 묘사한다. 예를 들어, 심장은 여름과 불과 붉은색에 연결되어 있으며, 건강한 심장은 흥분과 따뜻함과 관계가 있다. 한 장기에 결부된 계절은 그 계절에 그 장기가 다른 장기들보다 우세하거나 가장 열심히 일하게 됨을 의미한다.

몸과 마음, 그리고 정신은 비전 도교 기공의 관점에서 완전히 하나로 통합되어 있다. 중국의 한의학은 분노 · 두려움 · 비정함과 같은 부정적 감정들뿐 아니라 너무 즐겁다든지 너무 흥분한다든지 하는 긍정적 감정이 지나친 것조차도 해당 장기들과 그에 연관된 장기들을 해쳐서 질병을 야기시킬 수 있다고 경고한다. (이 책에서 다루는) '내면의 미소'와 '치유 육성'은 감정의 균형을 꾀하고 건강을 증진시키는 데 있어서 커다란 몫을 한다.

3. '에너지'의 수준에 문제가 있을 때 질병이 발생한다

▶스트레스로 가득찬 세계

어떤 문제는 몇 년 동안이나 체내에 잠복해 있다가 몇 년 뒤에야 비로소 육체적 질병이 되어 나타난다. 그것은 몸의 특정 부위, 또는 장기 내에 에너지의 불균형을 초래하는 에너지의 차단, 또는 에너지의 수준 감소로 나타나기도 한다. 만일 에너지의 불균형이 처음 나타날 때 그것을 알아차릴 수만 있다면, 우리는 유예기간을 길게 갖고 그것을 바로잡을 수 있을 것이다.

대부분의 사람들은 급한 성질, 또는 부정적 감정들을 질병으로 생각지 않는다. 그러나 비전 도교 기공에서는 그것을 병으로 간주한다. 그것은 고약한 입냄새〔口臭〕나 역한 몸냄새〔體臭〕가 간이나 콩팥 또는 위가 약해지거나 병들기 시작했음을 암시함과 마찬가지이다.

고집이 센 것은 심장의 에너지가 균형을 못 이루는 데서 올 수 있고, 나쁜 냄새가 나는 땀은 콩팥의 기능이 약화되어 체액 중에 남아도는 물을 여과시킬 수 없게 된 것이 원인일 수 있다. 또한

비겁함과 두려움은 허파나 콩팥의 에너지가 균형을 못 이루는 것이 원인일 수도 있고, 등의 통증은 콩팥이나 방광의 불균형에서 초래된 것일 수도 있다. 마찬가지로 다른 많은 나쁜 행동이나 육체적 질병들도 몸의 각기 다른 부분들에서 에너지의 균형이 맞지 않는 데서 그 원인을 찾을 수 있다.

우리는 삶을 살면서 점점 더 물질 세계에 대한 집착이 강해지며, 여러 가지 약물이나 오락, 서비스, 그리고 인공적 가공 식품에 빠져들게 된다. 우리가 이런 것들이 필요하다고 느끼고 사게 되면 될수록, 더 많은 걱정이나 복잡한 감정들을 느끼게 된다. 이런 물질들에 대해 감정적 집착을 떨쳐 버림으로써 우리는 좋지 못한 감정들을 제거할 수 있다.

몸속의 생명 에너지를 보존하고 증진시키며 환원하는 것이 바로 우리가 가장 먼저 기본적으로 수련해야 할 예방책이다. 어떤 사람에게 심장마비 증세가 왔을 때, 그 사람은 재발 방지를 위해서 이 방법을 쓸 수 있으며, 또 어떤 사람에게 콩팥의 기능부전이나 등의 통증이 생겼을 때 더 악화되는 것을 막기 위해서 이 방법을 활용할 수 있다.

가장 기본적 예방 수련은 에너지의 수준으로부터 시작된다. 비전 도교 기공의 시스템에서는 모든 장기들로부터 온몸으로 에너지가 퍼져 나가는 경로를 중시한다. 몸속의 생명 에너지가 차단되거나 약화되면 그 장기들은 생명력을 덜 받아들이게 되고, 나쁜 에너지 속에 갇히게 된다. 우리가 자신의 내부에 존재하는 자아와 접촉하지 않으면 내부의 변화에 대해 둔감할 수밖에 없다. 에너지를 확보하고 변환시키며 증진시키는 방법을 앎으로써,

우리는 차단된 곳을 열고 몸의 방어력을 강화시켜서 질병을 예방할 수 있다. 그리하여 우리는 행복하고 밝은 삶을 누릴 수 있으며, 건강을 유지할 수 있게 된다.

비전 도교 기공은 당신이 질병에 걸리는 일 없이 건강한 삶을 누릴 수 있게 하여 주며 주위의 사람들에게도 활기를 불어넣어 준다. 내 제자 가운데 많은 사람들이 커피나 흡연, 약물 및 다른 특정 종류의 '꼭 필요하다고 느꼈던' 기호품들을 아주 쉽게 끊었다. 그들이 몸의 장기들을 느끼고 강화하기 위해 스스로 수련을 시작했을 때 그것들을 끊었던 것이다.

또 이런 사람도 있었다. 그는 한때 많은 공장 근로자들을 거느리고 있었기 때문에 많은 사람들에게 영향력을 미치고 있었다. 그러나 그는 끊임없이 물건들을 사들이는 버릇을 고칠 수 없어서 아주 커다란 빚을 지고 있었다. 마침내 그는 내게 와서 자신이 처한 문제에 대해 털어놓았다. 나는 그에게 그의 장기들 내에서 에너지가 균형을 이루지 못한 탓이라고 말해 주었다.

만일 그가 자신의 장기들과 감각들을 강화하여 몸속의 에너지 순환을 증진시킬 수 있다면 세상을 다른 각도에서 볼 수 있게 될 것이었다. 그는 '소주천 순환 명상' 수련, 그리고 '치유 육성'과 '내면의 미소'를 수련하고 나서 나를 찾아 왔다.

"선생님, 저는 지금 긴 휴가를 떠나는 참입니다."

내가 물었다.

"무슨 일입니까?"

그는 자기 공장을 팔아서 모든 빚을 갚고 수중에 몇 천 달러가 남아 있다고 말했다. 그러고 나서 그는 다시 이렇게 말했다.

"저는 한동안 쉬면서 선생님이 가르쳐 주신 기법들을 좀더 수련하고 싶습니다. 그리고 돌아와서 다시 새롭게 시작하겠습니다."

그의 얼굴은 예전과 많이 달라져 있었다.

4. 최선의 투자는 자신의 건강

대부분의 사람들은 자신의 모든 생명력을 돈을 버는 데 쏟아붓는다. 생명력이 모두 고갈되어 질병이 악화될 때까지 자신의 건강을 돌보지 않는다. 일단 병이 나면 병원에 가서 수술과 치료를 받는 데 점점 더 많은 돈을 쓰게 되고, 결국 대부분의 시간을 병상에서 보내게 된다.

많은 사람들이 말한다.

"저는 수련할 시간이 없어요. 매일매일 약속과 일, 미팅과 공부, 그리고 아이들을 돌보는 일로 꽉 차 있거든요."

만일 당신이 마음과 몸, 그리고 정신적 에너지의 수준을 높일 수 있다면 당신의 마음은 좀더 깨끗해질 것이며 육체적으로 좀더 건강해질 것이다. 당신의 일을 끝마치는 데 시간이 훨씬 덜 들게 될 것이며, 감정은 더욱 차분해질 것이다.

나의 수련생들 가운데 많은 사람들이 그러한 문제를 가지고 있었다. 소주천 순환 명상 · 치유 육성 · 내면의 미소 · 원기 회복술 · 태극 기공 · 철의기공 · 오행 합일 등을 수련할 시간이 없었던 것이다.

처음에는 배우는 데 시간이 걸린다. 그러나 일단 배우고 나면,

그것은 삶의 한 부분이 된다. 예를 들면 뭔가를 하기 위해 줄을 서서 기다리는 동안에도 내면의 미소를 실천할 수 있게 된다. 우리는 보통 하루에도 몇 번씩 뭔가를 하기 위해서 기다리는 데 많은 시간을 허비한다.

내 제자들 중 많은 사람들이 비전 도교 기공의 기법을 배우면서 잠을 덜 자고 먹는 것을 줄였다. 수련을 하기 위해 좀더 많은 시간을 갖기 위해서였다. 내 지식과 경험으로 판단하건대, 만일 사람들이 자신의 건강을 위해 매일 30~60분만 할애할 수 있다면 그들은 1~4시간을 되돌려받을 수 있으며, 더 많은 것들을 더 짧은 시간 내에 해 치울 수 있게 된다. 결과적으로 그들은 더욱 큰 이익을 얻게 되는 것이다.

5. 가정에서의 도가 사상 활용

비전 도교 기공을 행하는 사람들은 남편과 아내의 성격 차이, 또는 개인적 능력 차이가 가정의 불행을 초래하는 주된 요인이라고 생각지 않는다. 반대되는 것이 서로를 끌어당기는 것은 자연스러운 일이다. 가장 중요한 것은 서로가 서로를 이해하여 서로의 장점을 바라보며 상대방이 약점을 극복하는 것을 도와 주는 데 있다.

다른 사람을 이해하기 위해서는 먼저 자기 자신을 이해하지 않으면 안 된다. 스스로를 이해하는 데 있어서 제일 좋은 방법은 내부의 시스템과 감각들을 통해 자기 몸의 장기들과 접촉하는 것이다. 그러고 나면 부정적 에너지를 변화시키고 긍정적 감정과

가치들을 배양하기 위해서 장기들을 강화시킬 수 있게 된다.

부정적 감정들은 몸속에서 에너지의 불균형을 초래하는 주된 요인들이다. 집안 식구 중 한 명에게 부정적 에너지가 있으면, 그것이 다른 가족에게도 부정적 감정을 불러일으켜서 결국 온집안의 분위기가 부정적으로 변하게 된다.

6. 성적(性的) 불균형은 수련으로써 조절할 수 있다

가정을 파괴할 수 있는 또 한 가지 요소는 성생활의 불균형인데, 성에너지의 가장 중요한 원천은 건강한 활력이다. 그리고 장기들과 분비샘들은 성에너지의 주요 공급원이다. 그러므로 건강한 장기들과 분비샘들은 부부간의 성생활을 더욱 바람직하게 만들어 준다.

스트레스가 쌓이는 생활, 공해, 그리고 우리 사회의 삶을 규제하는 여러 가지 규칙들은 사람들로부터 장기들이 가지고 있는 에너지와 성적 에너지들을 빼앗아간다. 그리하여 그들은 그대로 방치되며, 그들이 가진 활력과 성적 에너지는 고갈된다. 이것이 육체적 또는 성적 문제를 야기시킨다. 이런 문제들은 근육을 약화시킴으로써 남자에게 발기 부진 또는 불능을, 또 여자에게는 질내 근육의 신축 부진을 발생시킨다. 부부의 경우에 있어서 중요한 과제는 그들의 성적 에너지를 어떻게 증강시키고 변환시켜서 성기가 가지고 있는 문제점들을 바로잡느냐 하는 데 있다. 이 책에서 여러분은 그 방법을 알게 될 것이다.

7. 에너지〔氣〕의 평온함

한 사람이 가지고 있는 평온한 에너지 균형은 매우 중요하다. 왜냐하면 가까이에 있는 다른 사람의 에너지 균형을 도울 수 있기 때문이다. 무엇이든 너무 지나친 것은 에너지의 불균형을 초래하며 평온을 파괴한다.

가정에는 다섯 가지의 평온이 필수적이다. 첫째는 정신의 평온, 둘째는 마음의 평온, 셋째는 몸의 평온, 넷째는 장기들의 평온, 그리고 다섯째는 감각들의 평온이다.

도가에서는 지나친 소음이 콩팥·방광들처럼 귀에 연관된 장기들을 상하게 하고, 두려움을 야기시키며, 평화를 어지럽히는 것으로 본다. 지나치게 먹거나 마시는 것은 비장을 해치고 간접적으로는 간을 상하게 하여 화를 잘 내고 성질이 급해짐으로써 가족의 평화를 해치게 된다.

또한 텔레비전이나 영화를 지나치게 오래 보는 것은 눈을 해치며, 눈이 상하면 간과 쓸개를 상하게 되어 에너지의 손실과 몸 전체의 활력을 약화시키게 된다. 지나친 운동이나 지나친 육체 노동은 힘줄들을 손상시키게 되며, 지나친 걱정은 신경 조직을 상하게 만든다.

장기들이나 감각들 또는 신경의 약화는 결국 전가족에게 문제를 일으키게 되는 어떤 형태의 나쁜 성격이나 불쾌한 버릇들을 생기게 할 수 있다. 그 문제들의 원인을 이해하고 내면의 미소, 치유 육성 등의 기법들을 수련함으로써 에너지 불균형과 장기의 약화를 치유할 수 있다.

가정의 더 큰 혼란을 피하기 위해서는, 그 문제들을 이해하고 그것으로부터 벗어나도록 해당 가족 구성원으로 하여금 수련에 매진할 수 있도록 돕는 것이 필요하다. 온가족이 함께 수련함으로써 서로의 에너지가 교환되면 온가족의 에너지가 안정되게 된다. 또한 가족 중 한 사람이 스트레스나 부정적 감정의 에너지로 인해 질병에 걸리게 되면 다른 식구들이 도움을 줄 수 있다.

제 2 장 내면의 미소

1. 장점

1) 질 낮은 에너지, 질 높은 에너지

비전 도교 기공에서는 부정적 감정들을 질 낮은 에너지로 간주한다. 많은 사람들은 분노 · 슬픔 · 우울 · 두려움 · 걱정, 그리고 다른 많은 종류의 부정적 에너지 속에서 자신들의 삶을 살아간다. 그런데 이런 종류의 에너지, 즉 부정적 에너지들은 고질병을 유발하고 우리의 생명력을 앗아간다.

내면의 미소는 신경계통은 물론 모든 장기들 · 내분비선들, 그리고 근육들을 포함한 신체의 모든 부분들을 위한 진정한 미소이다. 이 미소는 질병을 치유할 수 있을 뿐만 아니라 궁극적으로는 더 높은 차원의 에너지로 변환하게 되는, 질 높은 에너지를 생성시킨다(그림 2-1).

진정한 미소는 사랑 에너지를 전달한다. 이 사랑 에너지는 따뜻하며 치유하는 힘을 가지고 있다. 당신이 흥분했을 때나 아팠

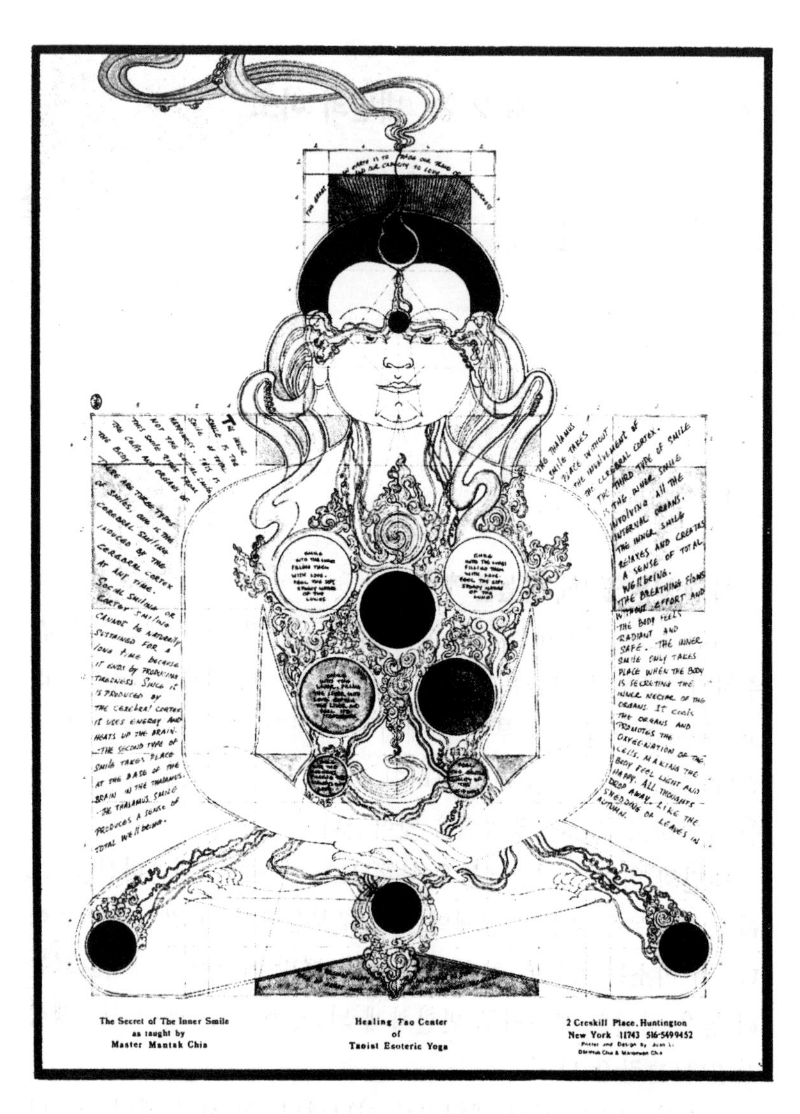

【그림 2-1】 내면의 미소는 생명에 있어서 더할나위없이
소중한 미소 에너지를 신체 내부의 장기와 내분비선에 공급한다.

을 때, 어떤 사람이(어쩌면 낯선 사람일 수도 있다) 당신에게 환한 미소를 보내 와서 갑자기 기분이 좋아졌거나 통증이 가셔졌던 기억이 있을 것이다. 실례로 《새터데이 리뷰》지의 주간이었던 노만 카슨즈는 그가 쓴 「질병의 분석」이라는 저서에서 술회하기를 자기가 한 희귀한 결합 조직상의 질병에 걸렸다가 스스로 고쳤는데, 그 비법은 뜻밖에도 그 오래된 마르크스 형제(Marx Brothers)의 영화를 보는 것이었다고 한다. 내 제자들 중 한 명은 아픈 부위를 향해 내면의 미소를 끊임없이 내려보냄으로써 유방암을 스스로 고친 예도 있다.

고대 중국의 도교 스승들은 일찍이 미소 에너지의 힘을 깨닫고 있었다. 그들은 스스로 내면의 미소를 수련하여 그 미소가 에너지를 움직여 더욱 질 높은 에너지를 생성하게 함으로써 건강과 행복과 장수를 누렸던 것이다.

자기 자신에게 미소를 보내는 일은 사랑으로 목욕을 하는 것과 같으며, 사랑은 모든 것을 치유하고 젊어지게 할 수 있는 능력을 갖고 있다. 내면의 미소는 생명에 있어서 더할나위없이 소중한 미소 에너지를 신체 내부의 장기들과 내분비선들에 공급한다.

모순스럽게도 우리는 겉으로 나타나는 외관에 대해서는 상당히 신경을 쓰면서도 내부의 장기나 내분비선이 어떻게 생겼는지, 어디에 위치해 있는지, 또 그것들의 기능이 무엇인지에 대해 알고 있는 사람이 별로 없다. 더욱 좋지 못한 것은, 내부의 기관들이 잘못된 섭생이나 나쁜 생활 태도로 인하여 제대로 대우를 하지 못하면 미세한 경고들을 해 주는데 우리가 여기에 대해 민감하지 못하다는 점이다.

우리는 마치 평소에는 자기 직원들에게 전혀 신경을 쓰지 않고 있다가 뭔가가 잘못되고 난 다음에야 비로소 깜짝놀라는 사장과 같다. 만일 우리가 장기나 호르몬샘에 대해서 알게 되고 그들이 하고 있는 역할에 대해 고마워하며 그들이 보내는 메시지들을 듣는 것을 배운다면 그들은 분명 우리에게 건강과 활력으로써 보답할 것이다.

2) 꿀 같은 분비물, 유독한 분비물

내면의 미소는 생활 속의 스트레스를 퇴치하기 위해 가장 효과적 방법이다. 현대 사회는 단지 스트레스를 해소하는 방법을 찾는 데 수백만 달러를 소비하고 있다. 그러나 종종 이러한 치료는 다만 부분적이고 일시적인 해소책에 지나지 않을 때가 많다.

내면의 미소는 가슴샘〔胸腺〕과 밀접한 관계를 가지고 있으므로 가슴샘의 활동을 증진시킨다. 비전 도교 기공 시스템에서 가슴샘은 영지(靈知)가 자리잡고 있는 곳이며, 또한 사랑과 생명의 에너지가 자리잡고 있는 곳이기도 하다. 따라서 우리가 감정적 스트레스를 받고 있을 때는 이 가슴샘이 제일 먼저 영향을 받게 된다.

의학박사 존 다이아몬드 씨는 그의 저서 「당신의 몸은 거짓말을 하지 않는다」에서 가슴샘이 신체의 생명 에너지와 치유 에너지를 조절하는 주 조정소라는 것을 보여주는 연구 결과를 제시하고 있다. 또 노벨상 수상자인 오스트레일리아의 맥팔레인 버너경은 '가슴샘의 활동을 증진시키는 것은 곧 암을 물리칠 수 있는 능력을 증진시키는 것이다'라고 주장한다.

그의 이론은 간단하다. 즉 가슴샘에서 생성되는 한 가지 종류의 세포가 T-세포인데, 이 T-세포의 기능이 비정상적 세포들을 포착하고 그것들을 파괴한다는 것이다. 매일 우리 몸속에서 생성되는 수십억 개의 세포들 가운데 얼마쯤은 비정상적인 것들이며, 만일 이 T-세포가 가슴샘 호르몬에 의해 활성화되지 않는다면, 그 세포들이 증식하여 임상적 암이 된다는 것이다. 따라서 가슴샘은 성인들의 전생애에 걸쳐서 암을 예방하는 데 있어서 결정적 역할을 한다는 것이다.

실제로 활용되고 있는 방법들 가운데 가슴샘의 기능을 알아보는 법이 있는데, 이 방법을 통해서 우리는 내면의 미소를 측정해 볼 수 있다. 당신의 파트너에게 이 방법을 활용해 보기 바란다.

가슴샘(두번째 갈비뼈가 가슴뼈와 만나는 지점에 있음) 근처에 손을 댄 다음 처음에는 파트너에게 미소를 짓지 않은 채 얼굴 근육을 아래로 늘어뜨리면서 입가를 밑으로 처지게 하도록 하라. 그리고 파트너에게 한 팔을 옆으로 뻗게 하여 그 손을 밑으로 끌

【그림 2-2】 이러한 표정은 '에너지'를 증가시킨다.

【그림 2-3】 이러한 표정은 '에너지'를 감소시킨다.

어당겨 보라. 자, 다음에는 파트너에게 미소를 짓게 하고 옆으로 뻗은 손을 밑으로 끌어당겨서 그 힘의 차이를 느껴 본다. 확연한 차이가 있을 것이다. 이것은 우리가 웃거나 미소를 지을 때 가슴샘이 활성화된다는 사실을 단적으로 나타내 주는 실례이다(그림 2-2, 3 참조).

비전 도교 기공의 스승들은 말하기를, 사람이 미소를 지을 때는 장기들이 몸 전체에 영양을 공급하는 꿀 분비물을 분비한다고 한다. 또 화가 나 있거나 겁에 질려 있거나 스트레스를 받고 있을 때는 독성이 있는 분비물을 분비하여 그것이 에너지 경로들을 막고 장기들에 자리잡아 식욕부진 · 소화불량 · 혈압상승 · 심장박동촉진 · 불면증 및 부정적 감정들을 일으킨다고 한다.

한편 장기들에게 미소를 보내는 것은 그것들로 하여금 활성화되게 하며 더욱 부드럽고 더욱 촉촉하게 만들어 줌으로써 보다 더 효율적으로 만들기 위함이다.

내면의 미소 수련은 눈에서부터 시작된다. 눈은 자율신경 조직과 연결되어 있으며, 이 조직은 장기와 내분비선의 활동을 조절한다. 눈은 감정적 정보들을 최초로 받아들이며 스트레스나 위험에 처했을 때는 장기들로 하여금 기능을 가속화하도록 하고 위기가 지나가면 속도를 늦추도록 한다. 눈은 항상 침착하면서도 균형을 이루는 반응을 유지한다. 그러므로 우리는 눈의 긴장을 풀어 온몸의 긴장을 완화할 수 있게 되며, 에너지를 활성화시킬 수 있게 된다(그림 2-4).

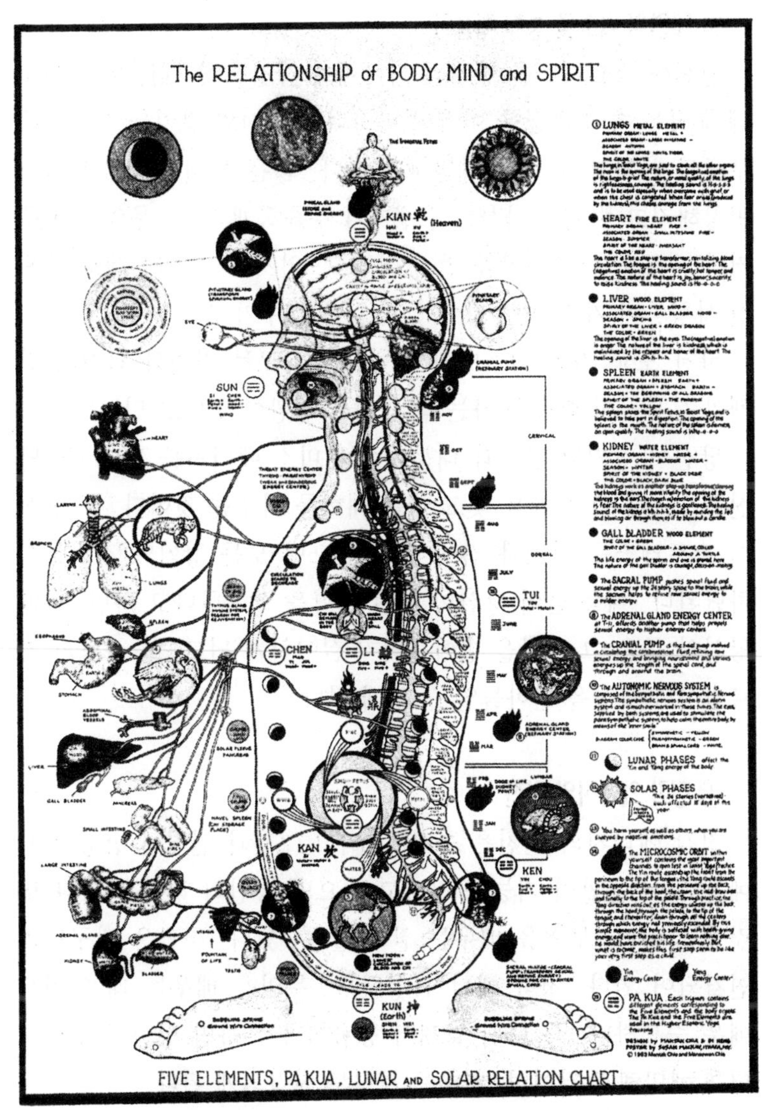

【그림 2-4】 눈은 자율신경 조직과 연결되어 있다.

3) 내면의 미소를 통해 배운다

당신이 스트레스를 받거나 지나치게 감정적이거나, 또는 분노나 두려움 속에서 삶을 이끌어 나간다면 당신의 장기들은 장애에 부딪치게 되고 이상을 나타내게 된다. 많은 에너지가 소모되어 멍청해지고 뚜렷한 의식이나 생기가 부족하게 된다. 무엇을 배우거나 새로운 아이디어를 얻기 어렵고, 억지로 배우려 해도 중요한 사항들이 가슴 속에 남아 있지 않은 경우가 많다.

비전 도교 기공 시스템에서는 인간의 모든 장기와 감각과 신체의 부분들이 학습을 하는 데 있어서 연관이 있다고 믿는다.

당신이 장기와 감각과 내분비선에 미소 에너지를 보낼 때, 당신은 그것들과 관계를 맺고 좋은 대화를 나누는 것이다. 또 당신이 스트레스를 받거나 겁에 질려 있으면 모든 장기와 감각들이 차단된다. 예를 들어 당신이 어떤 사람을 싫어한다고 하면, 그때 당신의 몸은 그 사람을 받아들이기 싫어하게 되고, 그 사람의 가르침이나 사상을 받아들일 수 없게 된다.

① 청각 에너지의 원천

청각 에너지의 원천은 콩팥, 그리고 그것과 연결된 방광이다. 예를 들어 콩팥이 기능을 잘하고 있으면 당신의 정신은 보다 또렷할 것이며, 무엇을 배우든 잘 배울 수 있다. 콩팥은 귓구멍과 연결되어 있다. 청각 에너지(청력)는 무엇을 배우는 데 있어서 매우 중요하다. 즉 다시 말해서 콩팥이 튼튼하면 당신의 청력은 더욱 예민해질 것이며, 배우는 능력도 신장되게 된다.

또한 방광은 몸에 해로운 액체들을 제거해 주는데, 그럼으로써 피는 더욱 깨끗해지고 체액이 몸속을 보다 자유롭게 순환할 수 있게 된다. 만일 방광에 탈이 나면 콩팥 역시 그 기능을 다할 수 없게 된다.

② 말할 수 있는 힘의 원천

말을 잘하게 하는 주된 원천은 심장과 그것에 연결된 작은창자이다. 심장은 공부를 하고자 하는 의욕을 갖게 해주며, 즐거움이 자리하는 곳이다.

영성이나 배움에 대한 정신이 없으면 배운다는 것은 힘든 일이다. 배움의 비밀은 즐거움 · 재미 · 기쁨에 있다. 이러한 것들이 갖추어졌을 때 우리의 온몸은 배운 것들을 그 속으로 받아들이는 것이다.

심장은 또한 존경과 정직이 자리하는 곳이다. 우리가 존경심을 가지고 있을 때 심장이 열리게 된다.

혀는 심장에 연결되어 있으므로, 그 연결이 열리게 되면 우리는 받아들이기 시작하고 마음을 조각과 부분들로 프로그래밍하기 시작하여 배운 것들을 순서대로 소화시키게 된다.

작은창자는 소화시키는 것을 도와 준다. 작은창자에 탈이 나면 심장의 기능도 영향을 받게 된다. 많은 경우에 있어서 새로운 것을 배우려 할 때 그것을 자신의 체계 속으로 소화시키는 것이 급선무이다.

③ 시각 에너지의 원천

시각 에너지(시력)의 원천은 간과 그곳에 연결된 장기인 쓸개이다. 간이 제대로 일을 할 수 있는 상태에서는 보다 단정적일 수 있고, 보다 많은 의사 결정을 할 수 있으며, 배운 것들을 보다 잘 소화시킬 수 있게 된다.

간의 입구는 눈이다. 간이 약하거나 탈이 나게 되면, 의사 결정을 할 수 없게 되고 잘 보이지 않게 되며 눈에 보이는 것을 마음속에 새겨넣거나 배운 것을 소화시키기 어려워진다.

튼튼한 쓸개 또한 의사 결정을 쉽게 하도록 도와준다.

④ 소화 에너지의 원천

소화 에너지의 원천은 비장과 위이다. 비장은 몸에 포만감이라는 좋은 감각을 부여한다. 또한 비장은 입을 위한 입구이며 말과 목소리, 그리고 우리가 배우는 것을 소화시키는 힘과 관련되어 있다.

위는 비장과 연결되어 있다. 위가 기능을 제대로 할 때는 새로운 사고와 아이디어, 그리고 방향들을 제대로 받아들일 수 있게 된다. 일단 당신이 그것들을 자신의 것으로 받아들이게 되면 새로운 것, 또는 보다 효율적인 방법들을 더욱 더 받아들이고 싶은 마음이 생기게 될 것이다.

⑤ 후각과 촉각 에너지의 원천

후각과 촉각 에너지의 원천은 허파와 큰창자이다. 허파는 왕성한 추진력과 연결되어 있으며, 추진력의 입구는 코와 피부이다. 이것은 피부의 감각 및 만지고 느끼는 감각과 연결되어 있으므로 주위의 상황에 대한 감지 능력을 증진시키며 배울 수 있는 능력을 큰 폭으로 향상시킨다.

큰창자는 노폐물의 제거 및 긴장 해소와 연관이 있으며, 우리를 육체적으로나 정신적으로 보다 개방적이게 한다.

변비에 걸려 있을 때는 사람이 더욱 폐쇄적이 되며 새로운 아이디어를 받아들이지 않게 되고 변화를 바라지 않게 된다. 변화를 위해서는 단지 작은 단계만 요구될 뿐이라 할지라도, 어떤 사람들은 성공을 위해 과거의 방식이나 사고를 버리려 하지 않게 된다. 큰창자는 허파에 연결된 장기로서 허파의 기능을 강화하도록 돕는다.

⑥ 아드레날린선: 향학열

아드레날린선은 활력과 더불어 콩팥으로부터의 뜨거운 기운, 또는 양기(陽氣)를 제공한다. 이 선은 또한 당신의 온몸을 에너지로 가득차게 하며 배우고자 하는 열성을 갖게 한다. 활력이 없으면 당신은 게으르고 졸음이 오며 배우고 싶은 마음이 생기지 않을 것이다.

⑦ 갑상선과 부갑상선: 표현 능력

갑상선과 부갑상선은 당신의 의견과 경험을 표현할 수 있는 능력을 증진시킴으로써 모든 종류의 감각들이 배우는 데 관여할 수 있도록 도움을 준다.

⑧ 가슴샘(胸腺): 면역체계

가슴샘은 생체에너지〔氣〕가 자리잡고 있는 곳이다. 그리고 그것은 우리 몸의 면역체계를 강화하는 것을 도와준다. 또한 열성(熱誠)의 형태로 에너지를 생성시키며, 그렇게 함으로써 우리에게 힘과 배울 수 있는 열성을 제공한다.

⑨ 성적 에너지: 창조적 능력

성적 기관(性的器官)들은 창조적 능력을 위한 에너지가 자리해 있는 곳이다. 당신에게 성적 에너지〔精力〕가 모자랄 경우에는 창조적 능력을 발휘할 수 없게 되며 낡고 비효율적인 방식에 얽매이게 된다. 당신이 미소를 지을 줄 알고 성적 에너지를 증강시킬 수 있게 되면, 당신은 일상생활에서 여러 가지 문제들을 해결할 수 있는 힘을 갖게 된다.

⑩ 등뼈: 인체내 대화의 중심

등뼈〔脊椎〕는 신체 조절의 중심이며 대화의 중심이다. 등뼈를 통해서 미소를 내려보내고 등뼈의 긴장을 풀 수 있는 방법을 배워 두기 바란다. 그러면 당신은 대화의 힘이 증진되어 당신이 배운 것들을 등뼈를 통해서 각 장기들로 보낼 수 있게 된다. 그렇게 함으로써, 그들로 하여금 새롭고 보다 효율적인 방식들을 체내 시스템에 받아들이도록 하는 것이 가능해질 것이다. 또한 등뼈는 신경망을 조절하는 곳으로 알려져 있다.

⑪ 최대의 학습을 위한 지침

ⓐ 배우는 동안 미소를 지어라. 새로운 사고에 반발하는 신체 부위나 장기들에게 미소를 보내도록 하라. 예를 들어 만일 심장

이 받아들이려 하지 않고 문을 열지 않거든 배우는 즐거움과 재미를 심장에게 전달해 주어라. 만일 간이 너무 심한 분노에 차 있어서 앞이 잘 보이지 않거든 간이 마음의 문을 열 때까지 그곳으로 미소를 보내도록 하라.

ⓑ 가상으로 행동함으로써 당신의 손 · 발 · 머리 · 가슴 · 눈 · 코 · 입 · 귀 · 혀 · 항문 등 모든 기관들이 배우는 데 참여하도록 하라. 예를 들어 당신이 새롭게 컴퓨터를 배우고 있다면 당신 스스로 컴퓨터가 되어 상상하도록 하라. 컴퓨터 안으로 들어가 그것을 이해하도록 하라. 당신의 손과 눈 · 귀 등을 활용하여 그것들로 하여금 당신이 배우고자 하는 것과 접촉하게 하라.

ⓒ 감각들에게 미소를 보냄으로써 그것들로 하여금 모두 문을 열게 하고 배우는 것을 즐겁고 행복하게 느끼도록 하라. 그들로 하여금 배우는 데 모두 관여하도록 하라. 보는 것에서부터 시작하여 후각 · 운동 능력 및 미각들을 동원하라. 당신이 배우고자 하는 것을 상상하고 그 속에 빠져들기 바란다. 시각으로는 그것이 어떻게 보일지 상상하고, 청각으로는 그것이 어떻게 들릴지 상상하고, 후각으로는 그것의 냄새가 어떨지 상상하고, 촉각으로는 그것의 감촉이 어떻게 느껴질지 느껴 보고, 미각으로는 그것의 맛이 어떤 맛일지 그려보아라.

ⓓ 당신이 알고 있는 일상생활, 또는 당신이 가장 많이 사용하는 것들과 비유하라. 예를 들어 당신이 정원사이거나 꽃을 사랑한다면 당신은 배우고자 하는 것들을 원예나 꽃들과 결부시킬 수 있을 것이다. 또는 당신이 동물을 사랑한다면 당신이 배우는 것들을 동물의 형태로 변화시키고 그것들의 특성을 동물의 특성으

로 변화시켜서 이해하라.

ⓔ 배우는 일에 당신의 전심 전력을 투구하라. 감각들 · 장기들 · 팔다리 등 당신의 모든 신체 구조를 점검하라. 그것들은 기꺼이 배우고자 하며 자신들이 무엇을 배우기 싫어하는가를 잘 알고 있다. 그것들에게 미소를 보내고 그것들을 당신이 사랑하고 있다는 것과 그것들이 참여해 주기를 당신이 원한다는 것을 말해 주어라.

4) 내면의 미소를 통한 개인적 힘

① 미소는 개인적 힘 가운데 가장 큰 에너지이다. 당신의 장기들로부터 나오는 진정한 내면의 미소는 모든 장기들로 하여금 그것들이 가진 힘을 당신의 감각들, 특히 눈을 활력있게 하고 능률적으로 만든다. 눈은 모든 장기들 또는 감각과 연결되어 있다. 일단 당신이 그 방법만 안다면 당신은 모든 장기들에 대한 지배력을 갖게 된다.

우리 몸에 63조 개의 세포가 있음을 생각해 보라. 63조가 곱 [illegible] 우리 몸속의 에너지는 엄청난 것이다. 당신이 긴장을 풀고 차분한 상태에서 미소지으면, 당신은 에너지를 최상의 상태로 유지할 수 있으며 언제나 행동을 취할 준비가 갖추어져 있는 것이다. 다만 언제나 에너지의 수준이 문제이다.

② 에너지의 수준이 높아지면 당신은 가지고 있는 기술을 증진시킬 수 있도록 더욱 많은 에너지를 갖게 될 것이고, 더욱 행동이 유연해질 것이며, 당신이 무엇을 원하는지 또 그것을 어떻게 하면 얻을 수 있는지를 보다 정확히 알게 될 것이다.

③ 당신의 성기에 미소를 보내라. 당신이 가지고 있는 성적 에너지〔精力〕가 높으면 높을수록, 당신이 가지고 있는 개인적 힘은 더욱 커진다. 그리고 정력이 줄어들 때는 개인적 능력 또한 줄어든다. 이 성적 에너지, 즉 정력을 보존하는 방법과 그것을 재생시키고 증진시키는 방법을 잘 수련하기 바란다.

정력을 증진시키는 것으로 알려진 음식물들이나 약품들은 설령 효과가 다소 있다손 치더라도 오래 지속되지 못하며, 장기적으로 볼 때 결코 에너지를 증진시키지 못한다. 정력을 배양하는 방법을 아는 것만이 최선의 방법이다.

2. 내면의 미소를 수련하기 위한 준비

① 수련은 적어도 식후 한 시간이 지난 후에 실시하도록 한다.

② 조용한 장소를 선택하되 처음에는 전화도 끊어 놓는 것이 좋다. 그러나 나중에는 언제 어디에서나 수련을 할 수 있게 된다. 다만 지금은 당신의 내면을 향해 집중하는 것을 돕기 위해 주의를 산만하게 하는 요인들을 제거해야만 한다.

③ 옷은 서늘함을 느끼지 않게 따뜻이 입도록 한다. 헐렁한 옷을 입고 바지의 혁대를 풀어 놓는다. 안경이나 시계 같은 것들도 벗어 놓는다.

④ 의자 끝에 편안하게 걸터앉는다. 성기는 에너지가 모이는 중요한 곳이므로 의자 바닥에 닿아서는 안 된다. 즉 당신이 남자인 경우 고환이 의자에 닿지 않도록 하며, 당신이 여자인 경우 옷을 걸치지 않고 수련을 할 경우에는 반드시 천으로 음부를 덮어

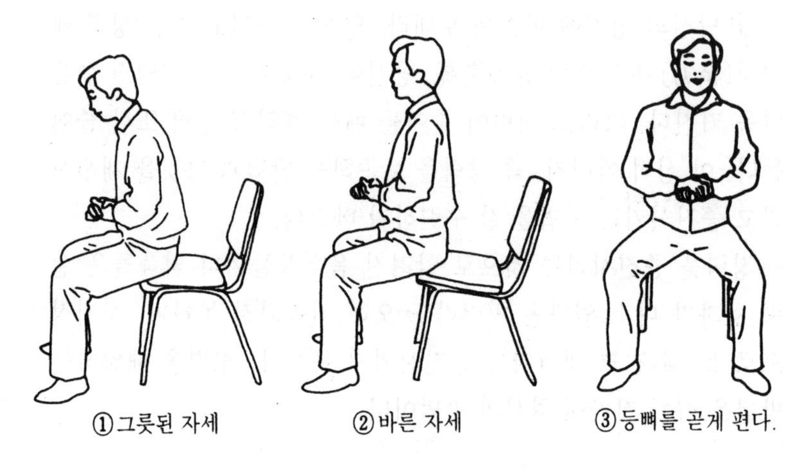

【그림 2-5】 의자에 앉은 자세

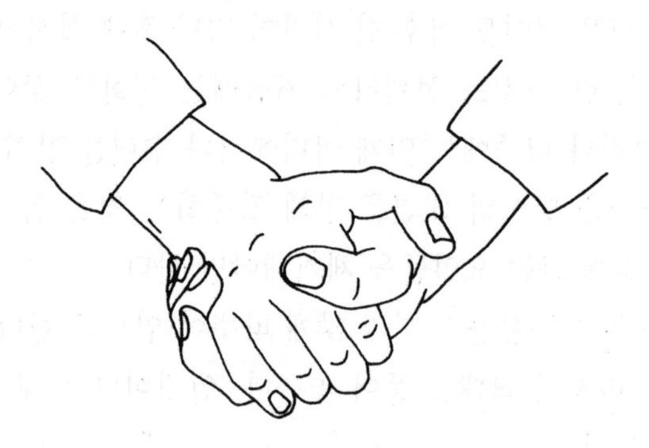

【그림 2-6】 왼손을 밑에, 오른손을 위에 올려놓고 손의 회로를 막는다.

야 한다. 그래야만 그곳을 통해서 에너지가 빠져나가지 않게 된다(그림 2-5).

⑤ 다리는 반드시 엉덩이 넓이만큼 벌리고, 발은 바닥에 잘 닿아 있도록 한다.

⑥ 곧게 앉아서 어깨의 긴장을 풀고 턱을 약간 끌어당긴다.

⑦ 손은 무릎 위에 편안하게 놓고 오른손 손바닥을 왼손 손바닥 위에 올려놓는다(그림 2-6). 무릎 위에 베개를 올려놓고 그 위에 손을 올려놓아 지탱하면 어깨나 등이 더욱 편안해진다.

⑧ 자연스럽게 숨을 쉰다. 눈을 감는다. 집중하고 있는 동안 호흡은 부드럽고 길고 순조롭게 한다. 시간이 지남에 따라 호흡에 대해 잊어버린다. 호흡에 주의를 기울이는 것은 원하는 부분으로 에너지를 보내는 데 방해가 되며, 그것은 당신의 마음을 산만하게 만들 뿐이다. 실제로 세상에는 숨쉬는 것만 해도 수천 가

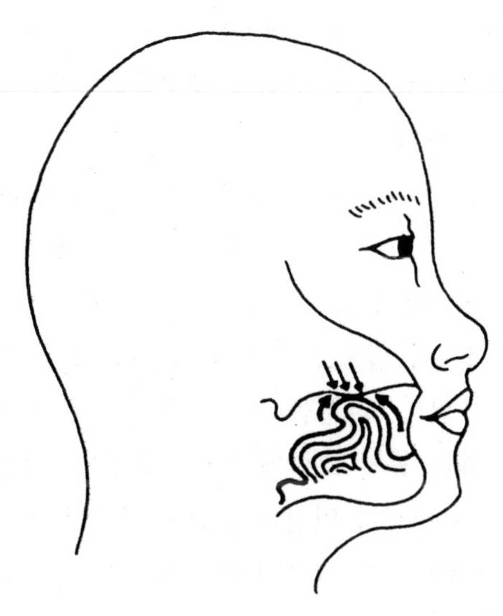

【그림 2-7】 혀의 위치

지에 달하는 난해한 방법들이 있다. 어쩌면 당신이 그것들을 숙달하는 데 평생을 다 바친다 해도 다 배우지 못할지 모른다.

⑨ **혀의 위치** : 혀는 두 개의 경로를 잇는 스위치이다. 혀의 기능은 가슴샘과 송과선의 에너지를 다스리고 연결하는 데 있다. 그것은 또 오른쪽뇌와 왼쪽뇌의 에너지 균형을 조절해 준다.

혀의 위치는 세 가지이다. 처음에는 혀를 가장 편안하게 느껴지는 곳에 둔다. 만일 혀를 입천장에 붙여 놓는 것이 불편하다면, 이빨 가까이에 놓아 두면 된다(그림 2-7).

3. 수련

1) 장기들을 따라 미소 에너지를 내려보낸다 : 임맥 경락(그림 2-8)

① 이마의 긴장을 푼다. 당신이 사랑하는 어떤 사람을 만나거나 아름다운 경치를 보고 있다고 상상한다. 미소 에너지를 눈 속에서 느끼도록 한다.

② 다음에는 그 에너지가 미간으로 흐르도록 한다. 코를 통해서 뺨으로 에너지가 흘러내리게 한다. 에너지가 얼굴의 피부를 느슨하게 이완시키고 얼굴 전체를 따뜻하게 하는 것을 느껴 보도록 한다. 에너지가 입으로 흐르게 하면서 입의 양쪽 가장자리를 가볍게 들어올린다. 혀끝을 부드럽게 움직인다. 혀를 입천장에 붙이고 수련하는 동안 그렇게 한다. 이것은 에너지가 통과하는 두 개의 중요한 경로를 연결하기 위한 것이다. 미소 에너지를 턱으로 내려보낸다. 턱이 그곳에 발생해 있는 긴장을 푸는 것을 느껴 보도록 한다.

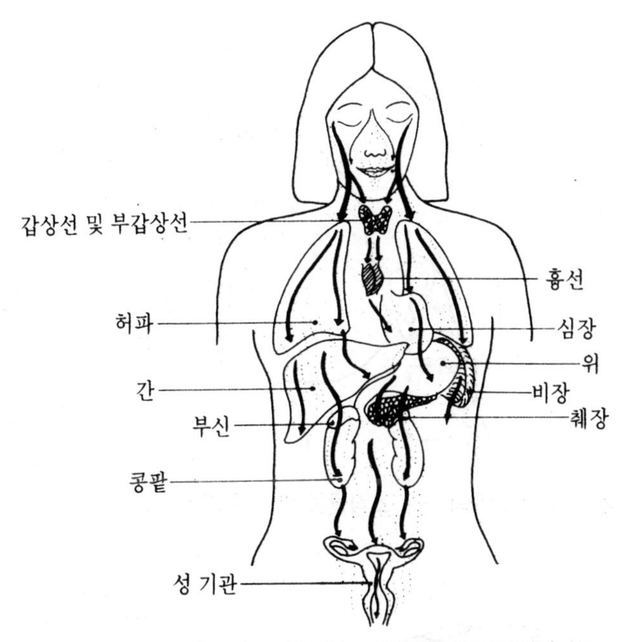

【그림 2-8】 미소 에너지를 내려보낸다.

③ 긴장되어 있기 일쑤인 목과 목구멍으로 미소 에너지를 내려보낸다. 목은 비록 좁기는 하지만 신체에 있는 거의 모든 시스템들을 위한 중요한 통로이다. 공기 · 음식 · 혈액 · 호르몬과 신경조직으로부터의 신호와 같은 모든 것들이 목을 통해 오르내린다(그림 2-9). 우리가 스트레스를 받거나 무리하면, 목은 너무 많은 활동 때문에 체증이 발생하여 굳어지게 된다. 도가의 스승들처럼 당신도 당신의 목을 자라의 목이라고 생각하라. 즉 목을 등껍질 속으로 집어넣음으로써 무거운 머리를 지탱해야 하는 부담으로부터 벗어나는 것이다(그림 2-10). 목으로 미소 에너지를

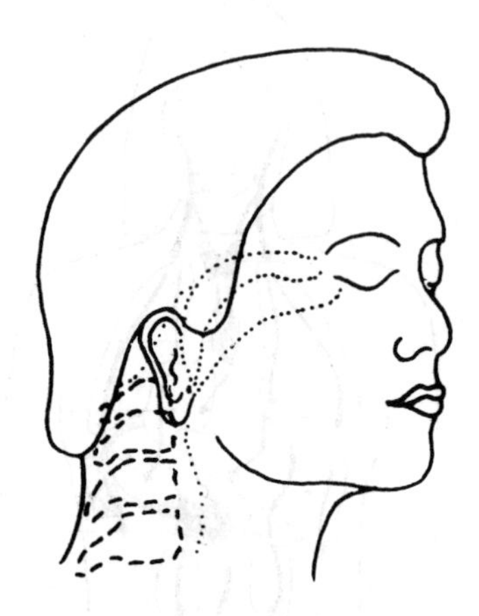

【그림 2-9】 목은 신체의 모든 조직들을 위한 중요한 통로이다.

【그림 2-10】 당신의 목을 자라의 목이라고 생각하라.

내려보냄으로써 에너지가 목구멍을 트이게 하고 쌓였던 긴장을 녹여 버리는 것을 느끼도록 한다(그림 2-11).

④ 미소 에너지를 갑상선과 부갑상선이 있는 목의 앞부분으로 보내도록 한다. 이곳에는 말을 할 수 있는 힘이 자리잡고 있으며, 이곳이 막히면 에너지는 흐를 수 없게 된다. 또 이곳이 긴장되어 있고 뒤로 처지면 당신은 의사 표현을 할 수 없게 된다. 당신은 많은 사람들 앞에 서면 겁을 먹고 질리게 될 것이며, 대화를 할 수 없게 될 것이다. 갑상선으로 미소 에너지를 내려보내면서 마치 꽃이 서서히 봉오리를 여는 것처럼 목구멍이 트이는 것을 느껴 보도록 한다(그림 2-12).

⑤ 미소 에너지가 가슴샘으로 흘러내려 가도록 한다. 가슴샘은 사랑과 불과 생명 에너지 및 치유 에너지가 자리해 있는 곳이다. 미소 에너지를 내려보내면서 그것이 부드러워지고 윤택해지는 것을 느껴 보도록 한다. 그것이 꽃봉오리처럼 차츰 커지다가 서서히 피어나는 것을 느껴 보도록 한다. 따뜻한 에너지와 치유 에너지의 향기가 흘러나와 심장으로 내려가는 것을 느껴 보도록 한다(그림 2-13).

⑥ 심장으로 미소 에너지가 흘러들어가는 것을 느껴 본다. 심장은 주먹만한 크기이며 가슴의 중심에서 약간 왼쪽으로 치우쳐 있다. 심장은 사랑의 자리이며, 동시에 정열과 존경과 즐거움의 자리이기도 하다.

심장이 마치 꽃봉오리처럼 서서히 피어나서 심장의 박동을 통해 따뜻한 사랑과 즐거움, 정열의 향기가 온몸의 장기들에게 방사되어 나가는 것을 느껴 본다. 미소 에너지가 심장을 즐거움으

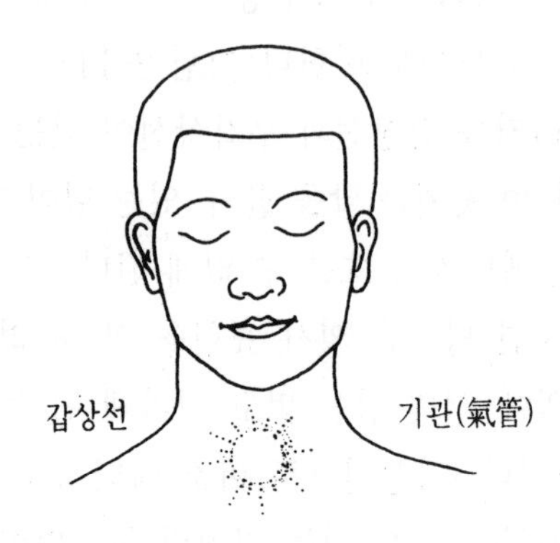

【그림 2-11】 목구멍을 트이게 하고 쌓였던 긴장을 녹여 버린다.

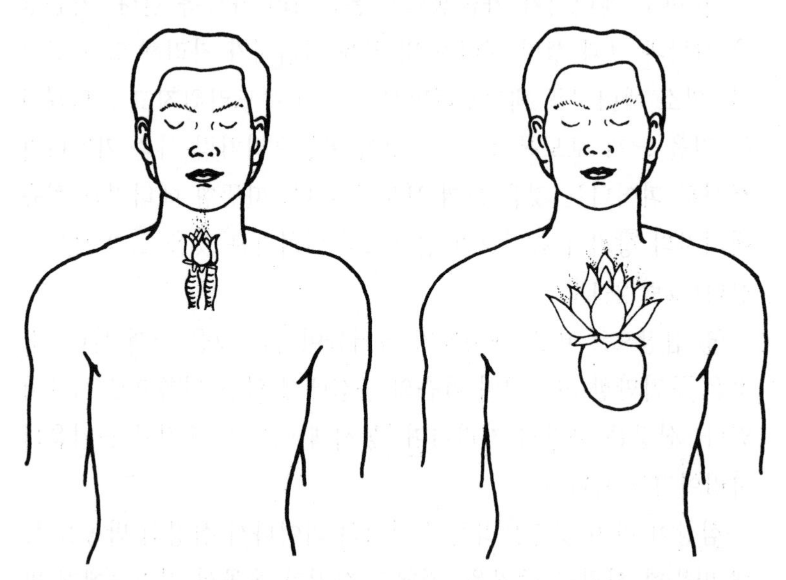

【그림 2-12】 목구멍이 서서히 트이는 것을 느껴 본다.

【그림 2-13】 심장이 꽃봉오리처럼 피어나는 것을 느껴 본다.

로 가득 채우도록 한다. 심장이 알맞은 압력으로 피가 전신을 순환할 수 있도록 펌프질을 해 주는 데 대해 고마움을 표한다. 심장이 열리는 것과 긴장을 풀고 더욱 수월하게 일하는 것을 느껴 보도록 한다.

⑦ 즐거운 미소 에너지를 심장으로부터 허파로 보낸다. 허파의 세포 하나하나에 미소 에너지를 공급한다. 허파가 산소를 체내에 공급하고 이산화탄소를 해소시켜 주는 데 대한 고마움을 표한다. 허파들이 부드러워지고 더욱 스폰지처럼 되면서 윤택해지는 것을 느끼도록 한다. 그것들이 에너지로 반짝이는 것을 느껴 본다. 허파 깊숙이 미소 에너지를 보내고 당신의 슬픔과 우울증을 털어 버린다. 허파를 심장으로부터의 사랑과 정열 및 즐거움에서 비롯된 정의의 향기로 가득 채운다. 즐거움과 사랑, 그리고 정의의 미소 에너지가 간으로 흘러내려가게 한다.

⑧ 오른쪽 갈비뼈 맨밑에 위치해 있는 간으로 미소 에너지를 보낸다. 간이 소화를 하는 데 있어서 놀랍도록 복잡한 역할(소화시키고 저장하며 양분을 나누어 주는 일)을 하며 해로운 물질들을 제독시키는 작업을 해 주는 데 대해 고마움을 표한다. 간이 더욱 부드러워지며 더욱 윤택해지는 것을 느끼도록 한다.

다시 미소를 간 깊숙이 내려보내도록 한다. 간 속에 어떤 분노나 급한 성질이 자리해 있는지 점검해 본다. 그런 것들을 미소로써 날려보내고 즐거움과 사랑과 정의, 그리고 따뜻한 에너지가 간의 자연적 본성인 상냥함을 이끌어내어 간을 가득 채우고 콩팥과 아드레날린선들로 흘러넘치게 한다.

⑨ 등 뒤쪽의 갈비뼈 아랫부분과 척추의 양쪽에 있는 콩팥으

로 미소 에너지를 내려보낸다. 콩팥이 피를 걸러 주고 노폐물들을 배설시켜 주며 수분의 균형을 잡아 주는 데 대해 고마움을 표한다. 콩팥들이 차가워지고 활기가 넘치며 더욱 깨끗해지는 것을 느껴 보도록 한다. 콩팥 위에 있는 아드레날린샘으로 미소 에너지를 보낸다. 이것들은 긴박한 상황에 처했을 때 아드레날린을 분비하거나 다른 여러 가지 호르몬을 분비해 준다. 당신의 아드레날린샘은 추가분의 에너지를 조금 더 보태 줌으로써 당신에게 고마움을 표할 것이다.

다시 미소를 지으면서 콩팥의 안쪽으로 깊이 들어가도록 한다. 콩팥 내에 어떤 형태의 두려움이 다소라도 남아 있는지 살펴보기 바란다. 즐거움과 사랑, 상냥함의 온기와 함께 미소를 보냄으로써 그 두려움을 없애 버린다. 콩팥의 본성인 자상함이 드러나게 하여 콩팥을 채우고 췌장과 비장으로 흘러넘치게 한다.

⑩ 췌장과 비장 속으로 미소 에너지를 보낸다. 우선 허리선께나 바로 위쪽에서 배의 가운데와 왼쪽에 걸쳐 있는 췌장 속으로 미소를 보내도록 한다. 췌장이 혈당의 수준을 조절하는 인슐린과 소화효소를 생성해 주는 데 대해 고마움을 표한다.

그러고 나서 갈비뼈의 끝부분과 그 왼쪽에 자리잡고 있는 비장으로 미소 에너지를 보낸다. 비장이 어떤 종류의 질병에 대한 항체를 생성해 주는 데 대해 고마움을 표한다. 그리고 그것이 부드러워지고 충만해지는 것을 느껴 보도록 한다.

다시 비장과 췌장에 미소 에너지를 보냄으로써 거기에 어떤 걱정이라도 숨어 있는가를 느끼고 찾기 바란다. 즐거움과 사랑 · 올바름 · 상냥함, 그리고 자상함으로 하여금 걱정을 녹여 주도록 한다. 췌장의 본성인 정당함에게 미소를 보내고 그것을 이끌어 내어 아래쪽에 있는 방광과 성기관으로 파급되도록 한다.

⑪ 아랫배에 위치한 성기 부위로 미소 에너지를 끌어내린다. 여성의 경우에 있어서 '난소궁'은 배꼽 밑 약 7.5cm 떨어진 곳,

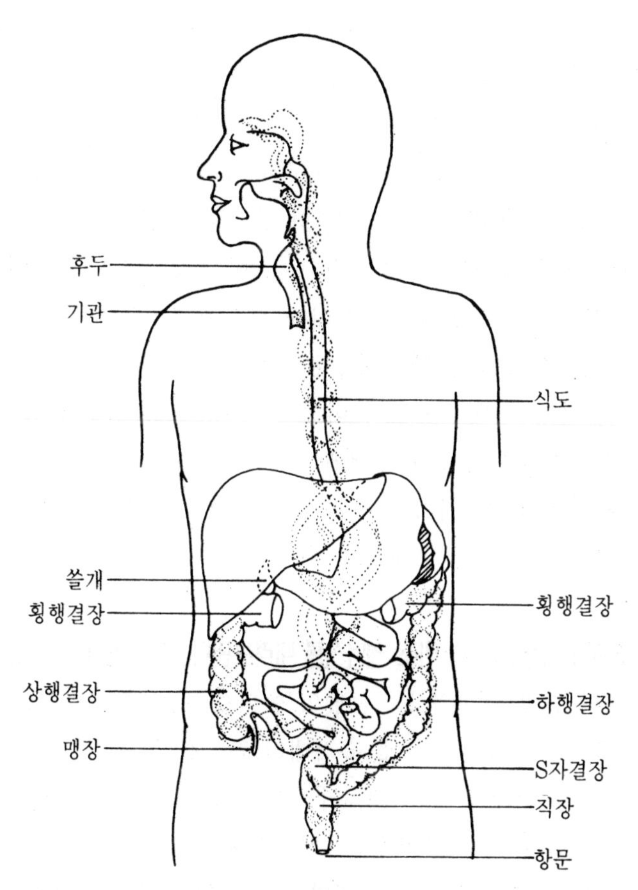

【그림 2-14】 소화기 계통을 따라 미소 에너지를 내려보낸다.

양쪽 난소 가운데에 위치해 있다. 난소들과 자궁 및 질 속으로 미소 에너지를 보내도록 한다.

남성의 경우에는 '정궁'이라 불리우며, 전립선과 정낭(精囊) 부위에 있는 음경의 근저에서 위로 약 4cm 정도 떨어진 곳에 위치해 있다. 전립선과 고환으로 미소 에너지를 보내도록 한다. 호르몬을 만들어 주고 성적 에너지〔精力〕를 주는 데 대해 그것들에게 고마움을 표한다.

사랑 · 즐거움 · 상냥함과 자상함이 성기관들 속으로 흘러들게 함으로써 조절할 수 없는 성적 욕구를 극복하고 제거할 수 있는 힘을 기르도록 한다. 당신이 당신의 성적 욕구를 통제할 뿐 성적 욕구가 당신을 통제하진 않는다. 당신이 남성이면 남성, 여성이면 여성일 수 있도록 해 준 데 대해 성기에게 고마움을 표한다. 성에너지는 삶의 기본 에너지이다.

⑫ 자, 이제 다시 눈으로 돌아간다. 긴장이 아직 남아 있는 곳이 있는지 점검해 가면서 임맥에 있는 모든 장기들 속에 빠른 속도로 미소 에너지를 내려보낸다. 긴장을 발견하면 그것이 없어질 때까지 미소 에너지를 보내도록 한다.

2) 소화기 계통을 따라 미소 에너지를 내려보낸다: 중간 경락(그림 2-14)

① 다시 한번 당신의 눈 속에 있는 미소 에너지를 확인하도록 한다. 그리고 그것이 입으로 흘러내리도록 한다. 혀를 인식하고, 입과 혀를 움직여서 침이 만들어지도록 한다. 혀를 입천장에 붙이고 목의 근육을 긴장시키면서 꿀꺽 하는 소리가 나도록 침을 세게, 그리고 빠르게 삼킨다. 내면의 미소와 함께 침이 식도를 타

고 위로 내려가는 것을 따라가도록 한다.

위는 갈비뼈의 끝부분과 왼쪽 밑에 자리해 있다. 음식물을 액화시키고 소화시켜 주는 위의 중요한 역할에 대해 고마움을 표한다. 위가 차분해지고 편안해지는 것을 느껴 보도록 한다. 당신이 소화시키기 좋은 음식물을 위에게 주겠다는 약속을 한다.

② 작은창자 속으로 미소 에너지를 보낸다. 그리고 배의 한가운데에 있는 십이지장과 공장 및 회장으로도 미소 에너지를 보내도록 한다.

작은창자는 어른의 경우 길이가 7m 정도나 된다. 당신을 활기차고 건강하게 해주기 위해 음식물로부터 영양분을 흡수해 주는 데 대해 고마움을 표한다.

③ 큰창자 속으로 미소 에너지를 보낸다. 또한 그 미소를 엉치뼈의 오른쪽에서 시작하여 오른쪽 간엽(肝葉)의 아랫면까지 올라와 있는 상행결장, 오른쪽의 간 부위에서부터 왼쪽의 비장 아랫부분 끝까지 가로지르는 횡행결장, 허리 부분을 아래로 통과하는 하행 결장, 그리고 보통 골반 안에 들어 있는 S자 결장, 직장 및 항문으로 보내도록 한다. 큰창자는 길이가 약 1.5m 정도이다. 노폐물들을 제거해 주고 당신으로 하여금 깨끗하고 신선하며 개방적이게 느껴지도록 만들어 주는 데 대해 고마움을 표한다. 큰창자에게 미소를 보냄으로써 그것이 따뜻해지고, 기분좋고 깨끗하고 편안하며 차분해지는 것을 느끼도록 한다.

④ 다시 눈으로 돌아간다. 긴장감을 점검하면서 중간선으로 미소를 빠르게 내려보낸다. 긴장이 발견되면 그것이 녹아 없어질 때까지 계속 미소를 보내도록 한다.

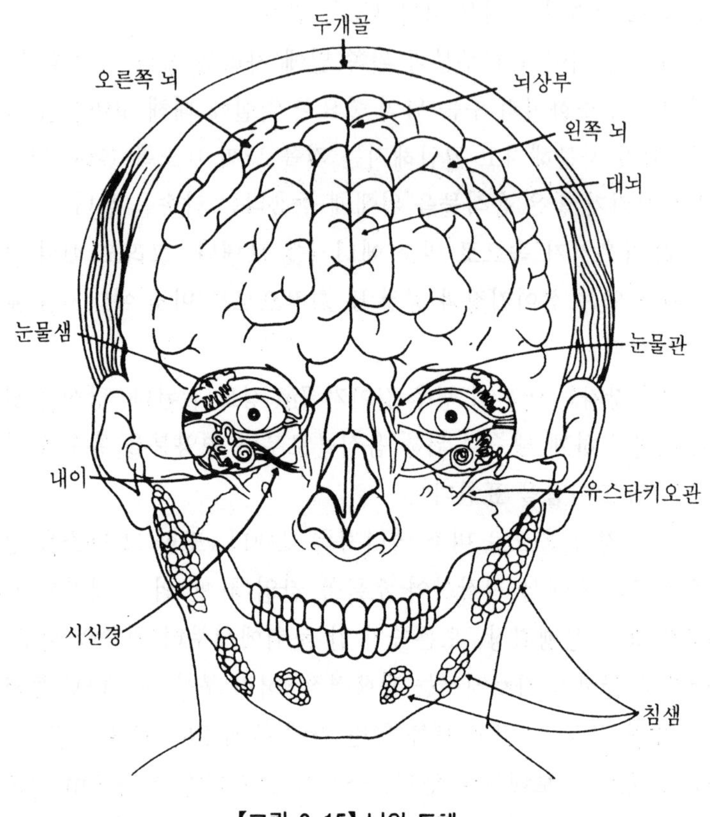

【그림 2-15】 뇌의 도해

3) 척추를 따라 미소 에너지를 내려보낸다: 독맥 경락

① 주의를 다시 눈으로 돌린다.

② 양쪽 눈 안쪽으로 미소를 끌어들여서 그 에너지를 양미간 사이에 위치한 제3의 눈으로 모은다. 내면의 시선(視線)을 활용하여 미소를 뇌하수체의 7~10cm 정도 안쪽으로 안내하여 그

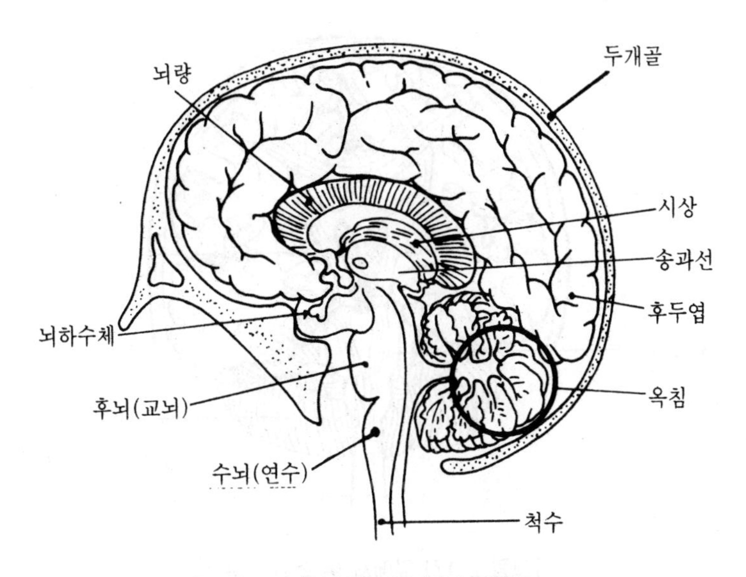

【그림 2-16】 옆에서 본 중뇌 절개도

샘이 꽃처럼 피어나는 것을 느낀다. 미소를 후두부의 제3공동(空洞 : 신경 조직총, 크게 확대되어 있음)으로 보낸다. 그곳이 확대되고 커지면서 온 뇌를 환히 비추는 밝은 황금빛으로 빛나는 것을 느껴 보도록 한다. 그런 다음 미소를 시상(視床)으로 보낸다. 그곳에서는 진실과 미소의 힘이 생성되어 나올 것이다. 미소 에너지를 송과선으로 보냄으로써 이 작은 샘이 점점 부풀어올라 꽃봉오리처럼 커지는 것을 느껴 보도록 한다. 미소의 시선을 밝게 빛나는 빛처럼 뇌의 왼쪽 윗부분으로 돌린다. 미소의 시선을 왼쪽뇌의 전후로 움직이다가 오른쪽뇌와 작은뇌로 움직인다. 이것은 오른쪽뇌와 왼쪽뇌의 균형을 잡아 줄 것이며, 신경들을 강화시켜 줄 것이다(그림 2-15, 16, 17).

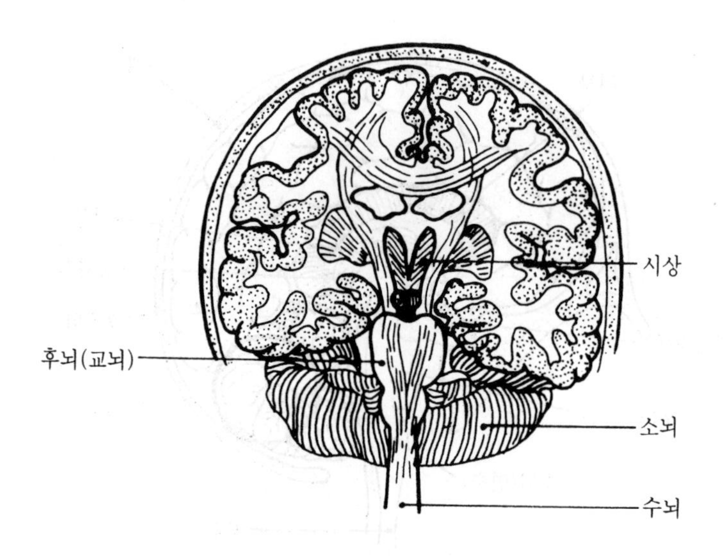

【그림 2-17】 앞에서 본 중뇌 절개도

③ 미소의 시선을 중뇌로 돌린다. 그것이 확대되고 부드러워지는 것을 느끼면서 교뇌와 수뇌(그림 2-16)로 내려갔다가 두개골의 끝부분에 위치한 척추 경부에서 시작되는 척수로 움직이게 한다. 미소의 시선을 움직여서 이 사랑의 에너지를 척추 하나 하나와 그 아래의 연골로 내려보낸다. 미소를 내려보내면서 각 척추와 연골의 수를 세어 보도록 한다. 당신은 목뼈(경추골) 7 개, 가슴등뼈(흉추골) 12 개, 허리등뼈(요추골) 5 개, 삼각형 모양의 천골과 엉치뼈(꼬리뼈)가 있음을 알게 될 것이다. 척추와 등의 긴장이 풀리면서 편안해지는 것을 느껴 보도록 한다. 또한 척추의 연골들이 유연해지는 것도 느껴 보도록 한다. 척추가 곧게 펴지고 늘어나면서 당신의 키가 높아지는 것을 느껴 보기 바란다.

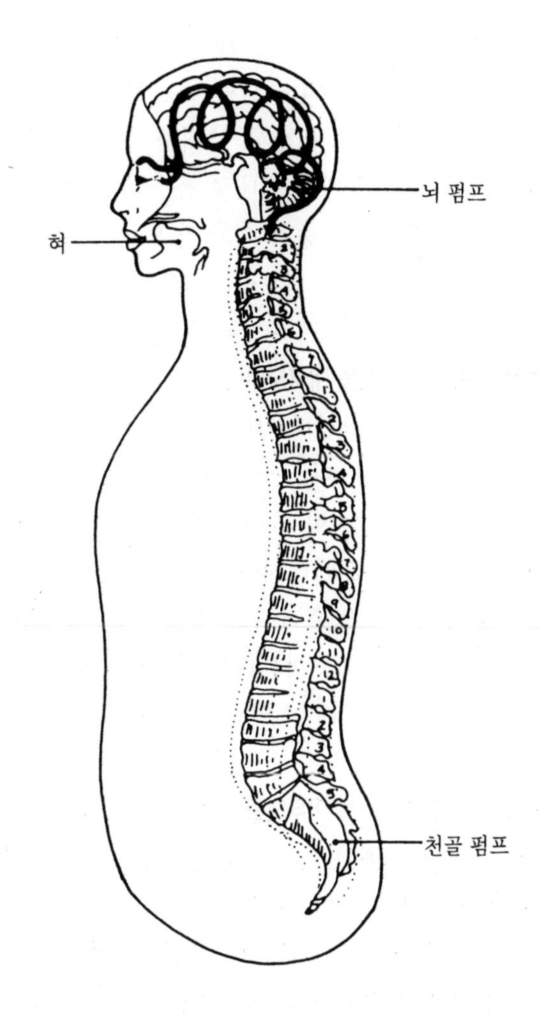

【그림 2-18】 사랑의 에너지를 척추와 연골 하나 하나 속으로 내려보낸다.

④ 눈으로 다시 돌아와서 독맥 전체로 에너지를 빠른 속도로 내려보낸다. 이때 당신의 온몸은 긴장이 풀려 있음을 느껴야 한다. 독맥 유통 수련은 척수의 순환을 증진시키고 신경 조직을 안정시켜 준다. 연골 속으로 미소를 보내는 것은 연골이 경화되고 변형되어 신체의 힘과 무게를 제대로 흡수하지 못하는 일이 없도록 막아 준다. 등줄기의 통증은 척추 속으로 미소를 보냄으로써 예방하고 치료할 수 있다(그림 2-18).

4) 전신으로 미소 에너지를 내려보낸다

눈에서부터 다시 시작한다. 내면의 미소의 시선을 유도하여 임맥으로 미소를 보낸다. 미소 에너지를 다시 중간선으로 보냈다가 독맥으로 보낸다. 당신이 좀더 숙달되면 장기들과 척추를 인식하면서 이 세 경락들로 에너지를 한꺼번에 보낼 수 있게 된다.

자, 전신을 폭포수처럼 흘러내린 에너지, 그 풍성한 미소와 즐거움과 사랑의 폭포수를 느껴본다! 온몸이 사랑받고 있으며 고마워하고 있음을 느껴본다! 이 얼마나 놀라운 일인가!

5) 배꼽으로 미소 에너지를 거두어들인다

① 미소 에너지를 배꼽으로 거두어들임으로써 수련을 마치는 것은 대단히 중요한 일이다. 거의 모든 명상의 부작용은 머리와 심장에 남아 넘치는 에너지 때문에 생긴다. 배꼽 부위는 내면의 미소로 인해 생성되어 늘어난 에너지를 안전하게 다룰 수 있다(그림 2-19, 20).

② 미소 에너지를 거두어들이기 위해서는 몸 안쪽으로 4cm

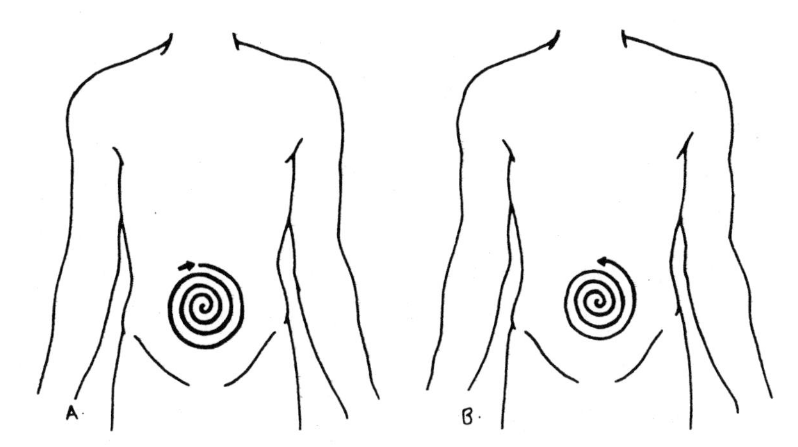

【그림 2-19】 남성의 배꼽 부위에 에너지를 축적하는 방법.
A. 시계 방향으로 36번 회전시키면서 에너지를 거두어들인다.
B. 시계 반대 방향으로 24번 회전시키면서 에너지를 축적한다.

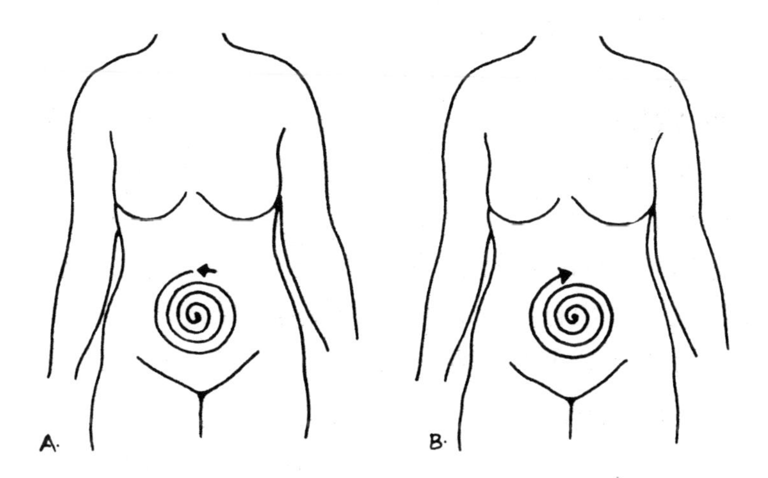

【그림 2-20】 여성의 배꼽 부위에 에너지를 축적하는 방법.
A. 시계 반대 방향으로 36번 회전시키면서 에너지를 거두어들인다.
B. 시계 방향으로 24번 회전시키면서 에너지를 축적한다.

정도 들어가 있는 배꼽 부위에 정신을 집중시킨다. 그러고 나서 정신적으로 그 에너지를 배꼽을 중심으로 36번 돌려 주면서 에너지를 거두어들이고, 다시 반대로 24번 돌려 주면서 에너지를 축적시킨다. 단 횡격막 위, 또는 골반뼈 아래로는 에너지를 보내지 않는다.

여성들은 시계 반대 방향으로 돌려주면서 에너지를 거두어들이고, 남성들은 시계 방향으로 돌려 주면서 에너지를 거두어들인다. 그 다음에는 방향을 반대로 바꾸어 24번 돌려 주면서 에너지를 다시 배꼽에 축적한다.

처음에는 손가락으로 에너지를 유도해 주도록 한다. 에너지는 이제 당신이 언제 어느 신체 부위에라도 쓸 수 있도록 당신의 배꼽 속에 안전하게 비축되었다. 이제 비로소 당신은 내면의 미소 수련을 모두 끝마친 것이다.

6) 일상적 활용

매일 아침 눈을 뜨자마자 내면의 미소를 수련하도록 한다. 이 수련은 당신의 온몸을 개발시켜 줄 것이다. 당신이 자신의 몸을 사랑한다면, 다른 사람들도 더욱 사랑하게 되며 작업 능률 또한 더욱 오를 것이다. 일단 당신이 이것을 배워서 정기적으로 수련을 한다면, 시간에 쫓길 때는 속도를 빠르게 함으로써 몇 분 안에 모든 과정을 끝낼 수 있게 될 것이다.

7) 부정적 감정을 미소로 녹여 없앤다

스트레스 · 분노 · 두려움, 또는 우울증들을 느낄 때도 내면의 미소를 수련하도록 한다. 긴장과 부담을 느끼는 부위에 미소를 보냄으로써 부정적 에너지가 서서히 긍정적이고 활력을 가진 생명 에너지로 바뀌는 것을 경험하기 바란다. 그러면 이러한 에너지를 고갈시키는 부정적 감정들이 긍정적 에너지와 활력으로 바뀔 것이다. 그 감정들을 미소로 녹여 없애라. 당신이 분노 · 스트레스 · 두려움 · 초조감 등의 감정에 충분한 미소를 보내기만 한다면, 그 미소 에너지는 감정적 에너지를 활기로 바꾸어 준다.

8) 고통과 질병을 미소로 녹여 없앤다

당신이 신체의 어느 부위에 통증이나 불편함을 느낄 때, 혹은 장기들 가운데 어느 곳이 아픈 것을 느낄 때는, 이런 부위들에 대해 계속 미소를 보내도록 한다. 미소를 보내고 그들에게 이야기를 하고 그들에게서 대답을 듣는 데 보다 많은 시간을 할애하도록 한다. 그러면 당신은 그들이 점점 부드러워지거나, 또는 마음이 좀더 열리거나 어두운 빛이 밝은 빛으로 바뀌는 것을 느끼게 될 것이다.

제 3 장 소주천(小宙天) 명상

1. 소주천 회로에 에너지를 순환시킨다

내면의 미소와 치유 육성은 점차 스트레스를 활력으로 전환시키고 당신의 생명 에너지를 증진시켜 줄 것이다. 그러나 이 에너지를 장차 치유와 성장을 위해 효율적으로 안전하게 활용하기 위해서는 당신의 몸속에 있는 특정한 에너지 경로들을 따라 순환시키지 않으면 안 된다. 그러므로 몸속에 있는 에너지의 주요 순환 경로를 먼저 이해하면, 당신의 에너지를 배양하는 일이 더욱 쉬워질 것이다.

인간의 신경 조직은 매우 복합적이므로 에너지를 필요로 하는 부위라면 어느 곳에든 그것을 보낼 수 있다. 고대의 도교 스승들은 몸속에 특별히 강한 에너지가 흐르는 두 개의 경로를 발견하였다.

첫번째 경로는 '임맥(任脈)', 또는 '음경(陰徑)'이라 불리운다. 이것은 둔부의 아래쪽, 즉 남성의 고환(여성의 경우에는 질)과

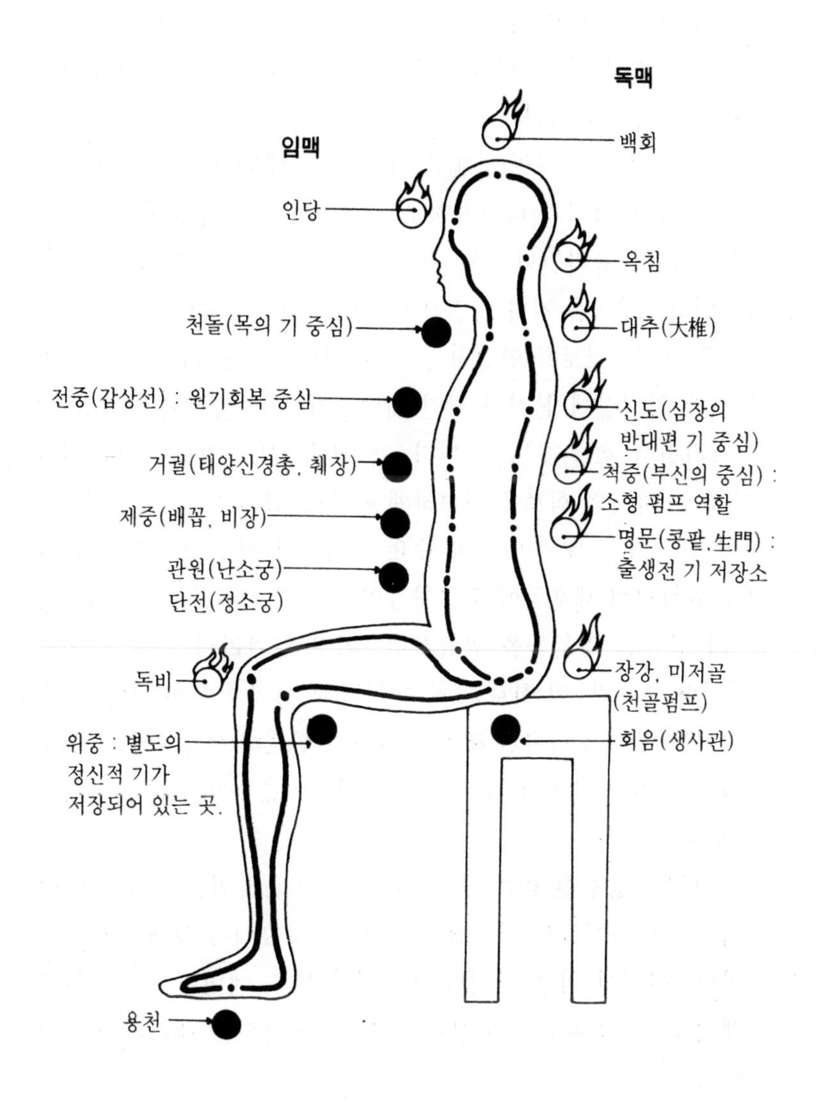

【그림 3-1】 독맥과 임맥 : 혀는 이 두 경로를 연결하는 스위치이다.

항문 사이에 위치한 회음(會陰)으로부터 시작된다. 이것은 신체의 앞쪽을 따라 올라가는데, 단전 · 전중 · 천돌을 거쳐 목구멍을 지나 혀끝에서 끝난다.

두번째 경로는 '독맥(督脈)', 또는 '양경(陽經)'이라 불리운다. 이것은 앞의 임맥과 마찬가지로 회음으로부터 시작되어 신체의 뒤쪽을 따라 올라간다. 즉, 장강 · 명문 · 척중 · 신도 · 대추 · 옥침 · 백회 · 인당을 지나 입천장으로 내려와서 끝난다.

혀는 이 두 경로를 연결하는 스위치와 같아서, 혀를 앞니의 바로 뒤쪽 입천장에 붙이게 되면 에너지가 몸의 앞쪽과 뒤쪽을 원을 그리면서 흐를 수 있게 된다. 즉 이 두 개의 경로는 에너지가 순환하는 하나의 회로를 형성하게 된다(그림 3-1).

이 활력의 흐름은 인체의 중요 장기들과 신경 조직을 통과하여 순환하면서 세포들에게 그것들이 자라고 치유하고, 또 기능하는 데 필요한 양분들을 공급한다. 이것을 가리켜 '소주천(小宙天)'이라 부르며, 이 회로는 침구학(針灸學)의 기본이 된다. 비록 과학자들이 아직 명확한 해명을 하진 못했으나 서양 의술의 연구 결과는 이미 침구학이 임상적으로 탁월한 효능이 있음을 인정하고 있다.

도가의 스승들은 이미 수천 년 동안 인체에 있는 중요한 에너지의 지점〔經穴〕들을 연구해 왔으며, 그 중요성을 상세히 분석해 놓았다. 이것이 바로 장기의 에너지와 미소 에너지를 운반하며 신체의 다른 각 부분들에 활력(活力)을 공급하는 에너지 통로인 것이다.

2. 소주천 수련의 중요성

소주천 경로를 열어서 임·독맥이 원활하게 소통되면 당신은 아무런 건강상의 문제도 느끼지 않게 된다. 그러나 만일 이 통로가 긴장으로 인해 차단되었을 때는 문제가 심각하다. 막힌 부분을 뚫어 주지 않으면 극심한 압박이 머리에 쌓이게 될 뿐만 아니라 많은 생명 에너지가 눈·귀·코·입으로 빠져나가게 된다.

이것은 마치 창이란 창은 다 열어 둔 채 방안을 따뜻하게 난방하려는 것과 마찬가지이다. 그렇게 되면 당신은 아마도 엄청난 비용을 물어야 할 것이다. 소주천 경로를 여는 방법은 당신이 내면의 미소 수련을 마친 뒤에 매일 아침 몇 분 동안 자리에 앉아서 명상을 하는 것이다. 마음을 생명 에너지와 함께 흐르게 하면서 생명 에너지로 하여금 그 회로를 따라 순환하는 것을 마치도록 하라. 눈에서부터 시작하여 마음을 생명 에너지와 함께 순환시켜라. 처음엔 눈에서 혀를 통해 목·가슴·배꼽·엉치뼈로 내려갔다가 척추를 통해 머리 위로 올라오도록 하라. 그러면 차츰 생명 에너지가 움직이면서 어느 부위에서 에너지가 따뜻하게 느껴지기 시작할 것이다.

열쇠는 단지 당신이 긴장을 풀고 당신의 마음을 생명 에너지가 흐르고 있는 바로 그 부위로 가져가는 데 있다. 이것은 신체의 그 부위가 어떻게 생겼는지, 또는 어떻게 느껴지는지를 머리 속에서 상상하는 것과는 다르다. 당신의 마음을 마치 TV의 영상처럼 사용하지 말고, 실제로 흐르는 생명 에너지의 감각을 느껴라. 긴장을 풀고 당신의 마음으로 하여금 당신의 육체 속에 나 있는 본래의 경로를 따라 원하는 곳으로 자연스럽게 흘러가도록 하라.

당신이 만일 스트레스의 변환을 마스터하고자 하거나 여기에서 가르치는 기술들을 진정으로 통달하고자 한다면, 이 소주천 순환에 대한 공부를 등한히 해서는 안 된다. 소주천 순환을 하지 않고는 감정적 에너지를 변환시키는 더 높은 수준으로 진보하기가 매우 어렵다. 혹 어떤 사람들은 이러한 경로들이 이미 열려 있을 수도 있고, 또는 자연에 가까워지면 자연스레 긴장을 풀 수도 있을 것이다.

소주천 순환 수련은 생명 에너지의 흐름을 촉진할 뿐 아니라 노화(老化)를 방지하고, 고혈압 · 불면증 · 두통 · 신경통에 이르는 수많은 질병들의 치유까지 가능케 하여 준다.

제 4 장 치유 육성(治癒六聲)

1. 효용과 이론

수천 년 전, 도가의 스승들은 명상을 통해 질병을 예방하고 통증을 경감시킴으로써 체내의 장기들을 최상의 상태로 유지시킬 수 있는 여섯 가지의 소리〔六聲〕를 발견하였다. 그들은 일찍이 인간의 건강한 장기가 어떤 특정한 진동수에 따라 진동하고 있음을 깨달았던 것이다. 그들은 또한 이 치유 육성과 더불어 장기들의 침구학적 경락들까지도 알아냈다(그림 4-1, 2).

1) 장기들의 과열(過熱)

무엇이 장기들로 하여금 비정상적으로 기능하게 하는가? 여기에는 많은 원인이 있다. 도시 사회는 인간으로 하여금 정신적으로나 육체적으로 스트레스에 가득찬 삶을 살도록 만든다. 그런 스트레스들로는 인구 과잉 · 환경 오염 · 방사능 물질에의 노출 · 저질 음식 · 화학 조미료 · 걱정 · 외로움 · 나쁜 자세, 그리고 갑

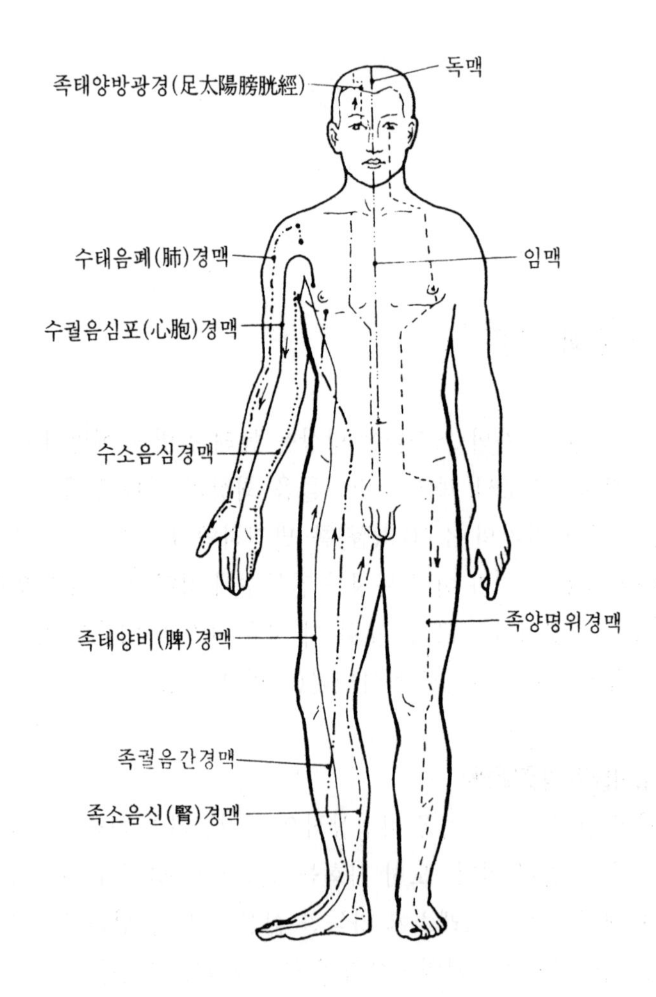

【그림 4-1】 인체 앞면의 경락

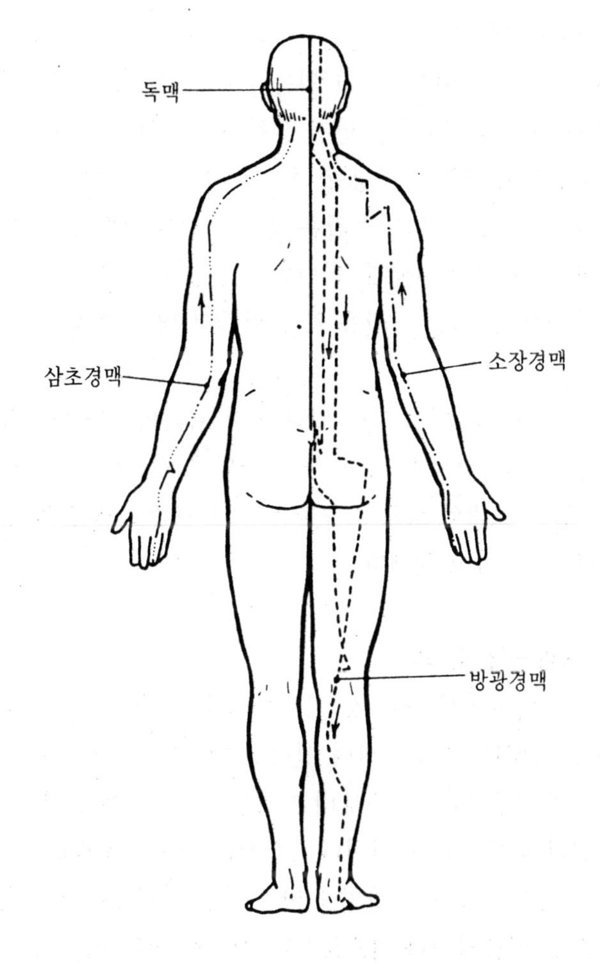

【그림 4-2】 인체 뒷면의 경락

작스럽고 지나치게 격렬한 운동 등을 예로 들 수 있다. 이러한 스트레스들은 따로따로건 몇 개가 겹쳐서건 긴장을 초래하고 인체 내에서 자유로운 생명 에너지의 흐름을 차단한다. 그리하여 장기들이 과열되는 것이다.

여기에 덧붙여, 우리가 살고 있는 현대의 이 콘크리트 정글에는 본래 자연이 제공해 주던 안전 장치가 결여되어 있다. 즉 우리들에게 시원하고 정화된 생명 에너지를 제공해 주던 나무들과 탁 트인 공간, 그리고 흐르는 물 같은 것들이 없는 것이다. 계속되는 과열은 장기들을 위축시키고 딱딱하게 만든다. 장기들로 하여금 제대로 기능할 수 있는 능력을 잃게 만들고 병에 걸리게 하는 것이다.

'뉴욕 도치료센터'에서 같이 일하는 한 외과의사는 심장마비로 사망한 환자들의 심장이 마치 불에 구워진 것 같았다고 보고한 바 있다. 또한 고대의 도교 스승들은 "스트레스는 인간의 두뇌를 뜨겁게 달군다."라고 말했다.

2. 장기들의 냉각 시스템

중국 전통의학에서 모든 장기는 제각기 자체의 온도를 조절해 주는 근막(筋膜)으로 둘러싸여 있다고 말한다(그림 4-3). 그 막이 초과분의 열을 밖으로 내보내고 자연으로부터 시원한 생명 에너지를 교환해 들인다는 것이다. 그런데 지나친 육체적 · 정신적 긴장은 그 막으로 하여금 장기에 딱 들어붙게 만들어 정상적으로 열을 밖으로 배출하거나 밖으로부터 시원한 생명 에너지를 흡수하지 못하게 만든다. 그리하여 피부는 독소들로 인해 막히게 되

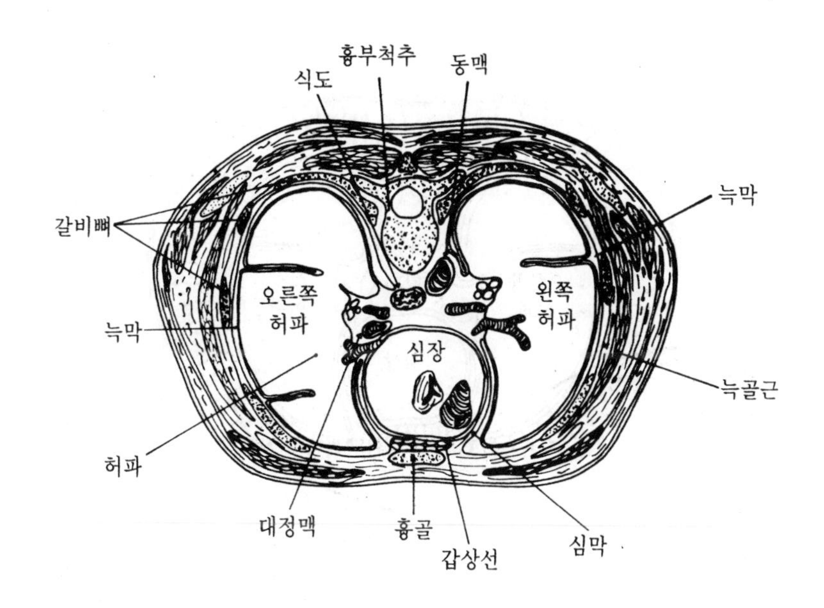

【그림 4-3】 흉부 단면도

고, 장기는 과열되게 된다(그림 4-4)

치유 육성은 소화기관과 입을 통해 열의 교환을 가속화시켜 준다. 사실 이 소화기관은 길이 6m가 넘으며, 입에서부터 항문까지 연결되어 있는 하나의 파이프이다. 또한 신체 내의 모든 장기들이 이것의 양옆에 자리잡고 있다. 따라서 이 조직은 근막을

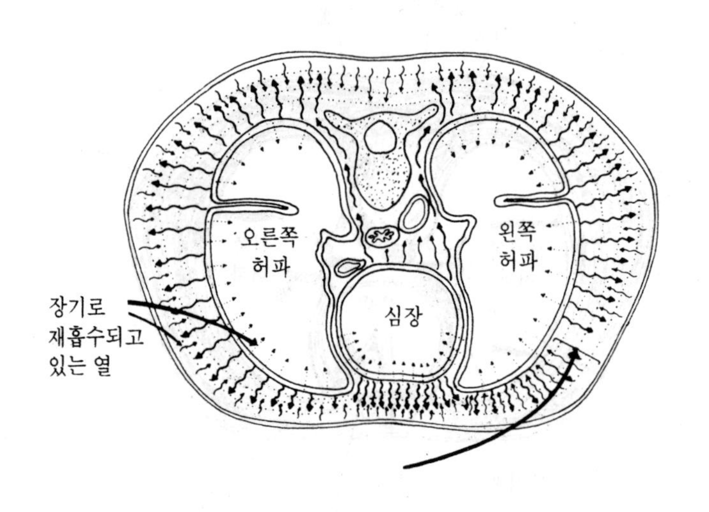

근육에 축적된 독소는 장기들에서 발생한 열기의 자유로운 소통을
가로막는다. 따라서 열기는 다시 장기로 되돌아가
압력을 가하며 과열을 일으킨다.

【그림 4-4】 장기들의 과열

통하여 초과된 열들을 방출해 주고 장기와 피부를 식히고 깨끗이 하는 것을 도와준다.

모든 소리와 자세들이 제대로 된 순서대로 행해지고 나면, 신체의 열은 모든 장기들 사이를 통과하는 창자에 의해 골고루 분배되게 되며, 각 장기들은 저마다 적합한 온도를 갖게 된다(그림 4-5).

3) 치료와 예방을 위한 소리들

치유 육성을 매일 수련하면, 건강을 회복하게 되고 차분해지며 바람직한 건강을 유지하게 된다. 성적인 즐거움도 더욱 커지

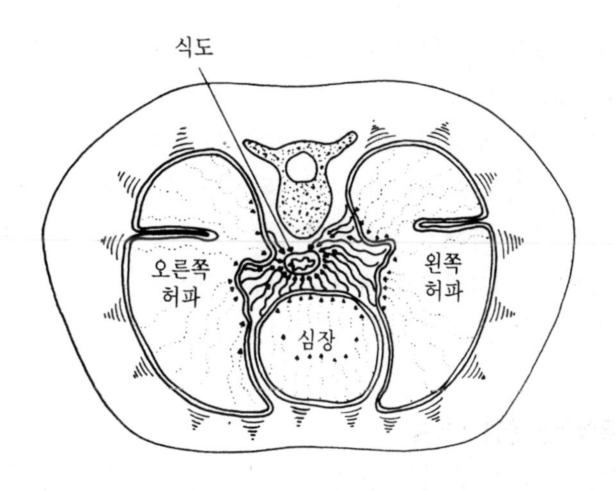

소리를 냄으로써 장기들에서 발생한 열기가 식도를 통하여
몸 밖으로 빠져나간다.

【그림 4-5】 장기들의 냉각 시스템

며 소화도 훨씬 잘되게 된다. 감기나 코막힘 따위의 사소한 질병들은 미리 예방되거나 간단히 치료된다.

치유 육성을 수련하는 많은 수련생들은 그들이 오랫동안 의존해 왔던 수면제 · 신경안정제 · 아스피린, 또는 위산 중화제 같은 약들을 이제 더 이상 사용하지 않는다. 심장마비가 왔던 사람들도 더 이상 마비를 겪지 않게 되었음은 물론이다.

여러 명의 의사들이 자기의 환자들 가운데 몇몇에게 치유 육성을 활용하도록 하여 우울증 · 조급증, 또는 분노를 해소하도록 하였으며, 물리치료사들은 치유 육성을 그들의 치료를 가속화하는 데 활용하여 그들이 가진 생명 에너지를 소모하는 것을 줄일 수 있도록 하였다.

수련을 하는 데 포함되어 있는 여섯 개의 장기들은 각기 그것들과 같은 방식으로 반응하는 연결된 장기를 가지고 있다. 그리하여 한 장기가 약해지거나 과열되게 되면 그 장기 또한 비슷한 영향을 받는다. 그러므로 정확한 치유 육성의 수련은 장기와 연결 장기를 동시에 강화한다.

4) 휴식하는 동안의 느낌

수련을 하다가 휴식을 취하는 동안 경험하게 되는 감각은 개인마다 다르다. 당신은 서늘함이나 약간의 저림 · 진동 · 현기증 따위를 느끼게 될지도 모른다. 또한 특정 장기나 머리 · 손발 등의 부위가 확장되는 듯한 느낌을 느끼게 될지도 모른다.

어쩌면 그저 긴장이 풀린 안온함을 느낄 뿐, 아무런 색다른 느낌을 느끼지 않을 수도 있다. 당신은 또한 장기들이 더욱 부드러워지고 윤택해지며 더욱 말랑말랑해지고 더욱 활동적으로 되었을 때 비로소 변화들을 느끼기 시작할 수도 있다.

5) 부정적 감정 통제의 최선책

치유 육성은 장기들을 진정시키고 활성화시키는 데 있어서 가장 빠른 길이다. 우리가 살고 있는 콘크리트 정글은 때때로 우리를 둘러싸고 있는 환경 속에 오염 물질과 불필요한 열을 가두어 두는 경우가 있다. 모든 종류의 파장들은 우리 몸의 장기들을 자극하여 과민 반응을 나타내게 한다. 따라서 생명력의 순환은 방해를 받게 되고, 여러 가지 부작용이 뒤따르게 마련이다. 불필요한 열기가 신체로부터 방출되지 못하게 되면, 그것은 장기들과 장기들을 둘러싸고 있는 근막 속에서 순환을 하며 갇히게 된다. 그러면 장기들이 스스로 과열되기 시작하여 더 많은 열기와 스트레스를 만들어 낸다. 이때 간단하게 그 장기의 소리를 내 줌으로써 누구나 장기 속에 갇힌 열기를 방출하고 신선한 바깥의 에너지와 교환해 줄 수 있는 것이다.

그 옛날 도교 스승들이 장기들과 밀접한 관계를 가지고 있어서 장기들로 하여금 그들의 정상적인 온도를 되찾도록 진정시키는 어떤 소리들을 발견해 냈던 것과 마찬가지로, 우리들 또한 오늘날 부정적 감정을 방출하거나 보다 긍정적이고 생명력 있는 에너지로 변환시킬 수 있도록 맑고 신선한 에너지를 장기에 공급할 수 있다.

6) 입냄새 제거

입냄새〔口臭〕는 가장 많은 사람들이 겪고 있는 골칫거리 중의 하나이다. 왜냐하면 자신뿐만 아니라 다른 사람들에게까지 불쾌감을 주기 때문이다. 입냄새의 원인 중 하나는 충치이다. 그리고 그것은 치과에 가면 고칠 수 있다. 또 다른 중요한 원인은 내부 장기들의 이상이다. 내부 장기들이 건강하지 못하면 입냄새를 유발하게 된다. 간이 나쁘면 입에서 고기 썩는 것 같은 냄새가 나며, 콩팥이 나쁘면 오줌 썩는 것 같은 냄새가 난다.

나쁜 입냄새의 주요 원인은 사실 약하거나 병이 생긴 위에 있다. 위와 창자들이 건강한 상태에서 소화 작용을 하지 못하게 되면 소화가 덜된 음식물들이 위벽이나 창자벽에 남아 있게 되어, 이것이 고약한 냄새의 원인이 된다.

치유 육성은 신체의 해독을 돕고, 창자들을 튼튼하게 해 주며, 장기 속에 갇힌 채 나쁜 냄새를 만들어 내는 오염된 열기들을 배출시켜 준다.

7) 몸냄새 제거

강한 몸냄새〔體臭〕 또한 사람들에게 불쾌감을 준다. 여름에는 더욱 그렇다. 몸냄새는 스트레스 속에서 오랜 동안 일을 함으로써 생기게 된다. 스트레스는 장기들을 더욱 과민하게 만들고 특히 위통과 같은 장기의 통증을 초래할 수 있다. 장기의 통증은 소화 작용과 생명 에너지의 순환을 방해하므로 많은 땀을 흘리게 된다. 그러면 당신에게서 나는 체취는(특히 겨드랑이에서 나는 냄새는) 더욱 강해진다. 치유 육성(그 중에서도 허파의 소리)은 생명 에너지의 교환을 도와 주며 그 순환을 원활히 한다.

허파의 소리를 실행하기 위해서는 우선 양손을 머리 위로 들고 겨드랑이를 노출시켜야만 한다. 이것은 생명 에너지의 순환과 교환을 증진시키는 데 도움이 되며, 이로써 장기들은 보다 활발해지고 깨끗해지게 된다.

콩팥의 소리 또한 역겨운 냄새가 나는 땀을 제거하는 데 도움이 된다. 별로 몸을 쓰지 않았는 데도 쉽게 땀을 흘리거나 신경이 예민할 때면 항상 땀을 흘리는 사람들은 콩팥이 허약하기 때문이다. 그들의 콩팥은 체내에서 요산(尿酸)을 제거할 수 없기 때문에 혈액으로 요산이 스며들게 된다. 또 콩팥이 약해지거나 병이 들면 여과 시스템이 무너져서 초과분의 요산 축적이 콩팥과 몸 전체에 발생한다. 이것이 그 사람의 땀에서 고약한 냄새가 나도록 하는 주범이다.

몸 안에서 남아도는 수분이 콩팥을 통해 배출되지 못하면 신체는 쉽게 스트레스를 받게 된다. 또한 자신이 고약한 냄새가 나는 땀을 흘리는 것을 알고 있으므로 이에 대한 두려움이 발생하게 마련이다. 콩팥의 소리를 내뱉으면서 등뒤의 콩팥 부위를 가볍게 두들기듯 마사지해 주는 것은 콩팥의 여과 필터를 메우고 있는 찌꺼기들을 떨어내는 데 도움이 된다. 또한 발바닥에 위치한 콩팥 부위를 마사지해 주는 것도 좋은 방법이다.

8) 하품 · 트림 · 방귀

하품이나 트림을 하고 방귀를 뀌게 되는 것은 치유 육성의 수련 뒤에 나타나는 일반적 반응이다. 이것들은 공개적인 자리에서는 거북한 현상이지만 실제로는 몸에 이로운 것들이다. 이것들은 몸속에 갇혀 있던 나쁜 공기나 가스, 또는 뜨거운 열기를 소화기관으로부터 배출하는 과정의 일부이다.

당신이 숨을 들이쉴 때는 차가운 생명 에너지를 식도 안으로 들여와서 장기들 속에 채워 주게 된다. 숨을 내쉬면서 올바른 소리를 발음하는 것은 좋은 에너지를 장기 안으로 들여보내고 나쁜 에너지를 몸 밖으로 내보내는 역할을 한다.

세계는 지금 몸 속에 갇혀 있는 가스를 배출시키기 위해 위산 중화제, 또는 소프트 드링크류를 개발하는 데 수십억 달러의 돈을 들이고 있다. 그런데 이 치유 육성은 똑같은 일을 보다 더 효율적으로, 또 돈 한푼 들이지 않고 거뜬히 해내고 있다.

9) 치유 육성에 의한 독소 제거

치유 육성을 통한 독소 제거는 장기들을 세척하는 최상의 방법이다. 왜냐하면 이 방법은 그것들을 청소하기 위해 신선한 에너지를 이용하기 때문이다. 사람들은 장기들을 세척하고 독소를 제거하기 위해 한약이나 약품들을 복용하는 데 많은 돈을 들이고 있다.

대부분의 경우 물질들이 체내에 들어가서 거기에 머물러 있기 때문에 더욱 많은 독소가 발생하게 된다. 치유 육성을 행하는 사람들 가운데는 가스가 뱃속에서 떠돌아다니는 것이나 방귀에서 심한 악취가 나는 것을 경험하는 사람도 있을 것이다. 그러나 이것은 독소를 제거하는 작업이 진행중임을 알려주는 것이다.

10) 눈물과 침

치유 육성을 수련할 때 하품이나 트림 외에 독소를 제거하는 작업이 진행중임을 알려주는 또 다른 징후들이 나타날 수도 있다. 그것이 곧 눈물이다. 눈물을 흘리는 것은 눈의 질병을 예방하고 장기들을 세척해 준다.

일반적으로 장기의 세척이 진행됨에 따라 침샘으로부터 많은 침이 나오게 된다. 그렇게 되면 몸이 새롭고 상쾌해진 것을 느끼게 될 것이다. 만일 침의 양이 많으면 혀를 입천장에 대고 누르면서 목에서 꿀꺽 소리가 나도록 힘주어 삼키도록 한다.

11) 치유 육성은 장기의 운동 범위를 증대시킨다

장기 속에 갇혀 있는 나쁜 에너지는 장기를 긴장시키고 수축하는 데 고통을 느끼게 하여 신체의 운동을 감소시킨다. 그런데 치유 육성이 장기 속의 그 나쁜 에너지를 배출시켜 준다.

'응용 신체 운동'이라 불리우는 수련의 창시자인 G. 굿하트 박사의 연구에 의하면, 인체 내의 큰 근육은 각기 신체의 장기에 연결되어 있다고 한다. 이떤 근육이 약해지는 것은 보통 연결된 장기의 에너지 수준에 문제가 생겼음을 의미한다.

비전 도교 기공 시스템에서는, 모든 장기들이 운동신경 및 말초신경과 연결되어 있다. 갇혀 있는 에너지나 부정적 감정과 같은 에너지를 차단하는 장애물이 장기 안에 머물러 있으면, 그 장기와 짝을 이룬 근육 또한 긴장하게 되어 통증을 느끼고 동작이 제한된다.

근육들은 장기들을 뒷받침하는 부분들이다. 따라서 장기들이 긴장이나 스트레스로 인해 방해를 받게 되면 전신의 움직임의 폭도 상당히 방해를 받게 되고 제한되게 마련이다.

우리와 함께 수련하는 많은 학생들이 치유 육성을 수련한 뒤, 장기 내에 있던 나쁜 에너지들이 해소됨에 따라 그들의 운동 범위가 증대된 것으로 나타났다. 다음 그림은 장기들과 근육들, 그리고 그것과 연관된 감정들을 상세히 나타내고 있다(그림 4-6).

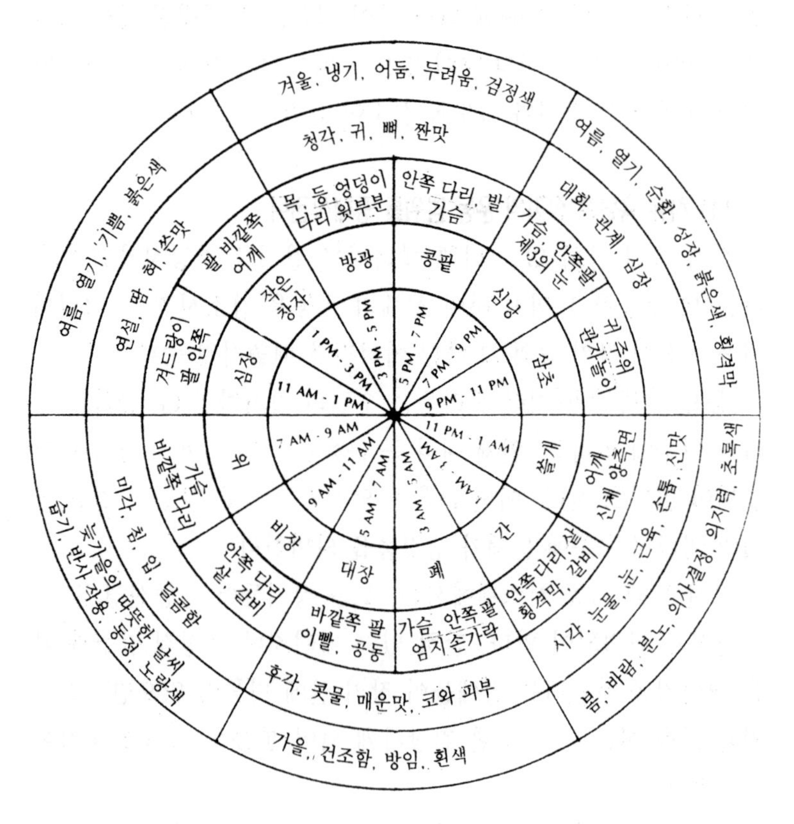

【그림 4-6】 신체 시계 도해

2. 치유 육성 수련을 위한 준비

1) 최대한의 효과를 얻기 위해서는 자세를 정확히 취하고, 각 장기들을 위한 소리를 정확하게 발음한다.

2) 소리를 내는 자세를 취하고 있는 동안에는 시종일관 목을 뒤로 젖힌 채 천장을 쳐다보고 있어야 한다. 그렇게 함으로써 벌리고 있는 입으로부터 식도를 통해 장기에 이르기까지 똑바른 길을 만들어 주게 되어 보다 효율적인 에너지 교환이 가능케 된다.

3) 소리를 낼 때 실제의 소리는 거의 내지 않는다. 말하자면 입과 이와 혀가 소리를 내기는 내되 단지 속으로만 들리게 하는 것이다. 이것이 그 힘을 강화시킨다. 모든 소리들을 천천히 고르게 내야만 한다.

4) 주어진 대로 연습의 순서를 따르도록 한다. 그렇게 함으로써 신체 내의 고른 열분배를 촉진시키게 된다. 순서는 계절의 자연스러운 변화를 따르는 것으로서, 가을부터 그 다음 가을에 이르기까지이다.

5) 수련은 식후 최소한 한 시간 후에 시작한다. 그러나 만일 복부에 가스가 차거나 메스껍거나 위경련 같은 증세가 있을 때는 식후에 바로 비장의 소리부터 시작해도 무관하다.

6) 조용한 장소를 택한 후 전화선을 뽑아 놓는다. 당신에게 강력한 내면의 집중이 계발될 때까지는 주의를 산만하게 하는 것들을 제거할 필요가 있다.

7) 서늘하지 않도록 충분히 옷을 입는다. 꽉 끼지 않는 옷을 입고 혁대를 풀어 놓는다. 안경과 시계도 풀어 놓는다.

3. 자세와 수련

1) 의자의 끝부분에 엉덩이를 걸치고 앉음으로써 성기 부분이 의자 바닥에 닿지 않도록 한다. 이곳은 매우 중요한 에너지 중심이다(그림 4-7).

2) 다리는 엉덩이 넓이만큼 벌려 준다. 그리고 발은 바닥에 단단히 닿아 있어야 한다.

3) 허리를 곧게 펴고, 어깨의 긴장을 풀고, 가슴을 앞으로 내밀지 않는다.

4) 눈은 뜬 채로 유지한다.

5) 손은 손바닥을 위로 하여 넓적다리 위에 편안히 올려놓는다. 자, 이제 당신은 치유 육성을 수련할 준비가 끝난 것이다.

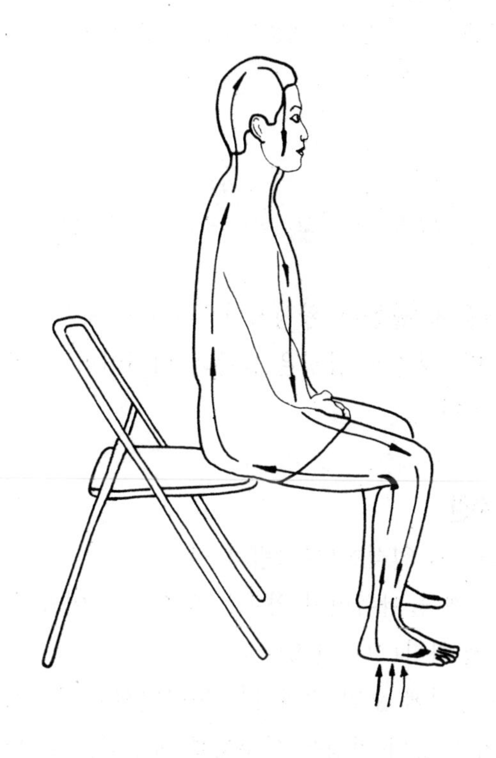

【그림 4-7】 의자의 끝부분에 엉덩이를 걸치고 앉는다.

4. 허파의 수련 : 제1치유성

1) 특성

장기	연결 장기	오행 요소	계절	부정적 감정	긍정적 감정
허파	큰창자	쇠〔金〕	가을 : 메마름	슬픔, 비애, 비통	옳음, 양보, 용서, 무욕, 용기

소리	몸의 부위	감각기관	맛	색
스으(SS)	가슴, 팔안쪽, 검지	코 : 냄새, 콧물, 피부	자극성	흰색

허파는 가을에 활동이 왕성하다. 허파의 요소는 쇠〔金〕이며 색은 흰색이다. 부정적 감정은 슬픔과 비애이며, 긍정적 감정은 용기와 옳음이다.

2) 자세와 수련

① 양쪽 허파를 인식한다(그림 4-8).

② 숨을 크게 들이쉬면서 양손을 앞으로 들어올린다. 동작에 시선이 따르게 한다(그림 4-9).

양손이 눈높이에 오면 손바닥을 돌리면서 팔을 머리 위로 올린다. 팔꿈치는 팔이 원형을 이루도록 굽힌다. 손바닥 끝에서부터 팔꿈치까지, 그리고 상박과 어깨까지의 근육이 당겨지는 것을 느껴 본다(그림 4-10).

당신은 허파와 가슴이 열리는 것을 느끼게 될 것이며, 숨쉬기가 더욱 쉬워질 것이다.

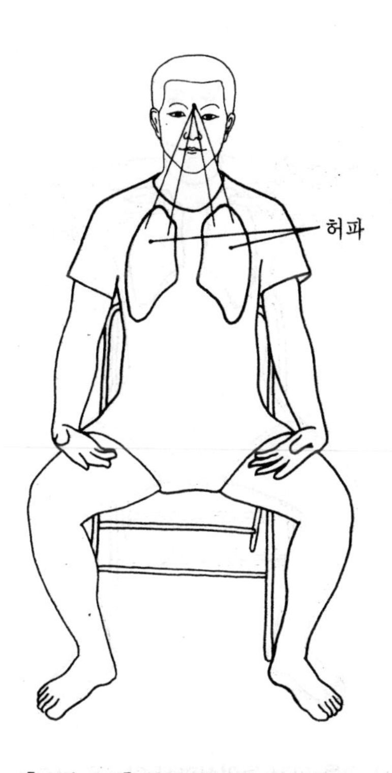

【그림 4-8】 양쪽 허파를 인식한다.

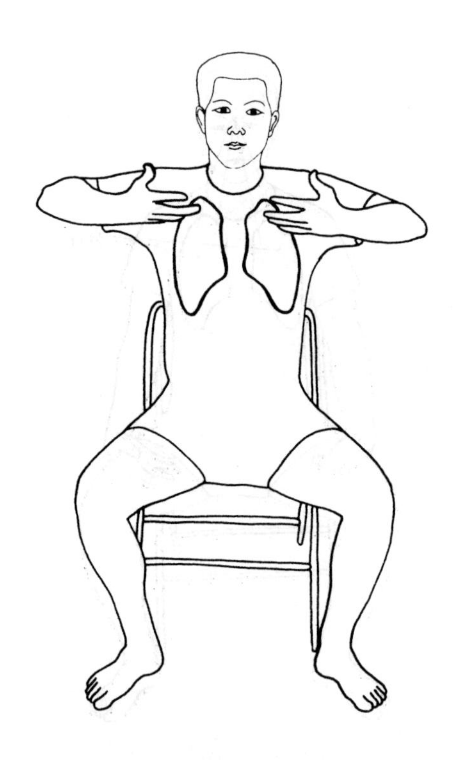

【그림 4-9】 숨을 크게 들이쉬면서 양손을 앞으로 들어올린다.

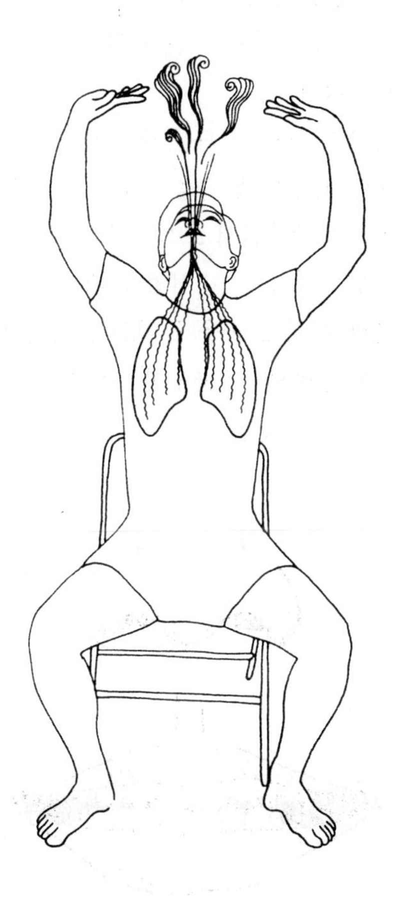

【그림 4-10】 손들이 눈높이에 오면 손바닥을 돌리면서
팔을 머리 위로 올린다.

③ 아래윗니가 서로 부드럽게 닿도록 턱을 다물고 입술을 약간 벌린다. 입의 가장자리를 약간 뒤로 당기면서, 숨을 내쉰다. 이때 잇사이의 공간으로 숨이 새어 나오면서 '스으' 소리가 나도록 한다. 소리는 목젖을 울리지 않게 하며, 천천히 그리고 고르게 한번에 내쉰다(그림 4-11).

④ 이렇게 하면서 늑막(허파를 둘러싼 막)이 완전히 압축되어 초과된 열과 나쁜 에너지 및 슬픔 · 비애 · 비통 등의 감정이 밖으로 배출되는 것을 상상하면서 느끼도록 한다(그림 4-12).

⑤ 무리없이 완전히 숨을 내쉬었을 때, 손바닥을 밑으로 돌리고 눈을 감으면서 허파로 숨을 들이쉬어 허파를 강화시킨다. 만일 당신이 민감한 경우에는, 순수한 하얀 빛과 옳음의 정수가 허

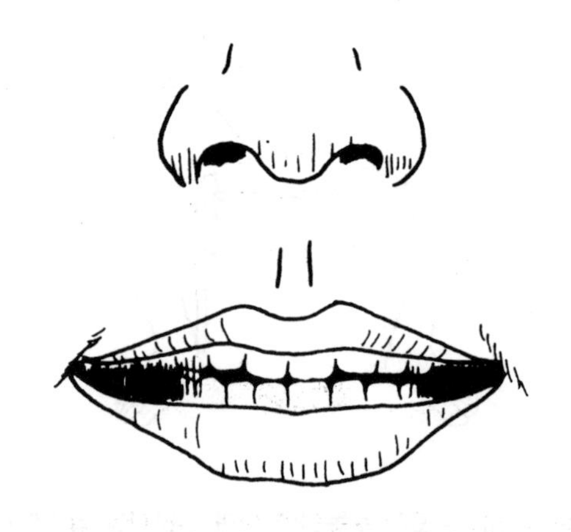

【그림 4-11】 허파 소리를 내는 입의 자세 :
아래윗니가 서로 맞닿도록 턱을 다문다. 입가를 뒤로 당긴다.

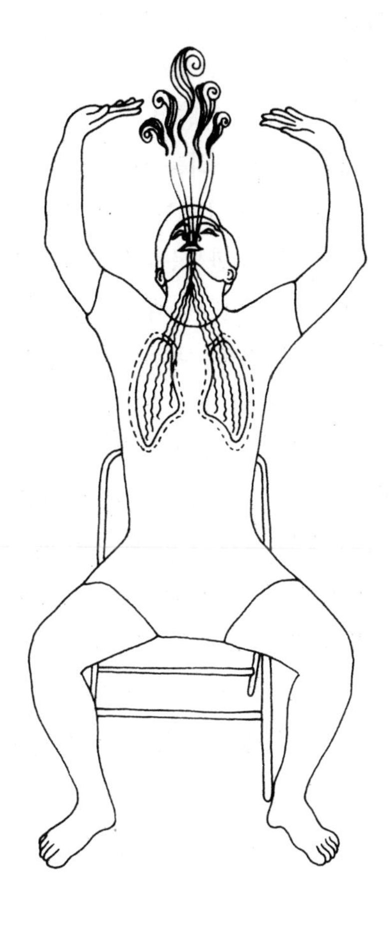

【그림 4-12】 허파를 둘러싼 늑막이 완전히 압축된 것을 상상하고 느낀다.

파를 가득 채우는 것을 상상해도 좋다. 어깨를 낮추면서 팔을 부드럽게 천천히 밑으로 내린다. 무릎 위에 천천히 내려놓아서 손들이 손바닥을 위로 한 채 그곳에서 휴식을 취하도록 한다. 손과 손바닥 안에서의 에너지 교환을 느껴 본다.

⑥ 눈을 감고 정상 호흡을 하면서 허파로 미소를 내려보낸다. 그리고 당신이 아직도 허파 소리를 내고 있다고 상상한다. 어떤 이상한 감각이 느껴지는지 주의해서 느껴 본다. 시원하고 신선한 에너지가 배출되는 열기와 교환되는 것을 느낀다(그림 4-13).

⑦ 숨쉬는 것이 고르게 되면, 이 과정을 3~6번 반복한다.

⑧ 감기 · 기침 · 콧물 · 치통, 혹은 흡연 · 천식 · 폐기종(肺氣腫) · 우울증을 치유하고자 할 때, 그리고 가슴이나 팔 안쪽의 움직임의 범위를 넓히거나 허파에 있는 독소를 제거하고자 할 때, 이 허파 소리를 9, 12, 18, 24, 또는 36번 반복한다.

⑨ 허파의 소리는 많은 사람들 앞에 섰을 때 초조감을 제거하는 데 도움이 된다. 당신이 대중 앞에서 초조감을 느낄 때, 허파 소리를 목젖을 울리지 말고 또 손동작 없이 몇 번 실행해 보기 바란다. 그러면 당신의 마음이 훨씬 더 진정될 것이다. 심장 소리와 내면의 미소를 아울러 실행하면 더욱 큰 도움이 된다.

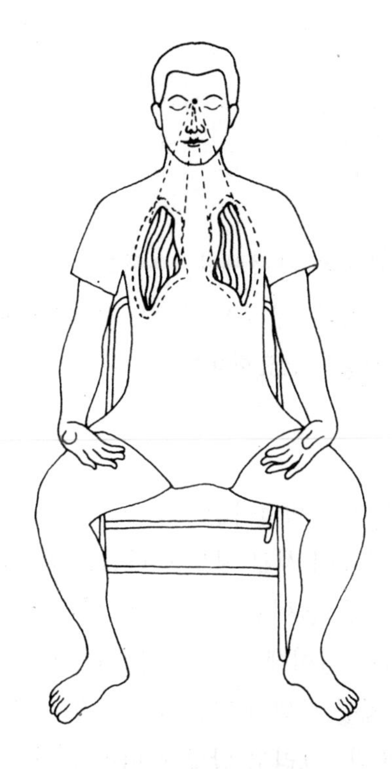

【그림 4-13】 눈을 감고 정상 호흡을 하면서
허파로 미소 에너지를 보낸다.

5. 콩팥의 수련 : 제2치유성

1) 특성

장기	연결 장기	오행 요소	계절	부정적 감정	긍정적 감정
콩팥	방광	물〔水〕	겨울	두려움	부드러움, 민감함, 고요함

소리	몸의 부위	감각기관	맛	색
우우(WOO)	발의 측면, 다리 안쪽, 가슴	청각 : 귀, 뼈	짠맛	검정, 군청

콩팥은 겨울에 활동이 왕성하다. 오행의 요소는 물〔水〕이며, 색은 검정 또는 군청이다. 부정적 감정은 두려움이며, 긍정적 감정은 부드러움 · 민감함 · 고요함이다.

2) 자세와 수련

① 콩팥에 집중한다(그림 4-14).

② 양쪽 발목과 무릎이 서로 닿도록 다리를 붙인다. 몸을 앞으로 굽히면서 크게 숨을 들이쉬고 한 손을 다른 한 손으로 꼭 쥔다. 그러고 나서 양팔 사이에 무릎을 끼우고 팔을 펴 준다. 팔을 곧게 편 채 등뒤의 콩팥 부위가 당겨지는 것을 느껴 보도록 한다. 시선은 위를 쳐다본다. 그리고 알맞게 머리를 뒤로 젖힌다(그림 4-15).

③ 촛불을 끌 때처럼 입을 동그랗게 오무리고 숨을 내쉬면서 낮게 소리를 낸다. 동시에 가슴뼈〔胸骨〕와 배꼽 사이의 상복부를

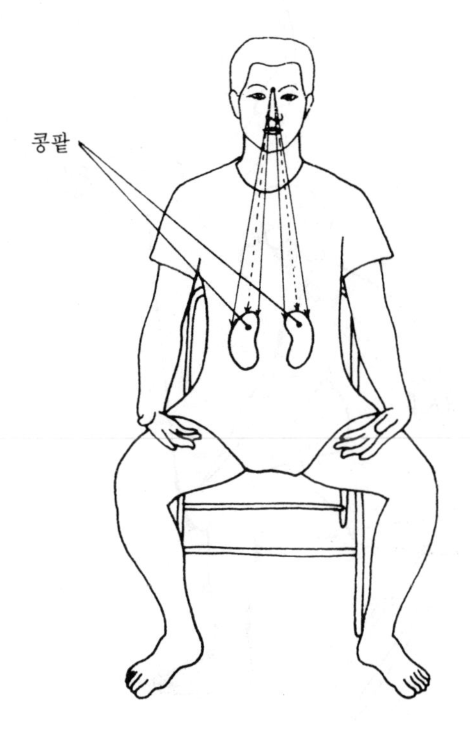

【그림 4-14】 콩팥에 집중한다.

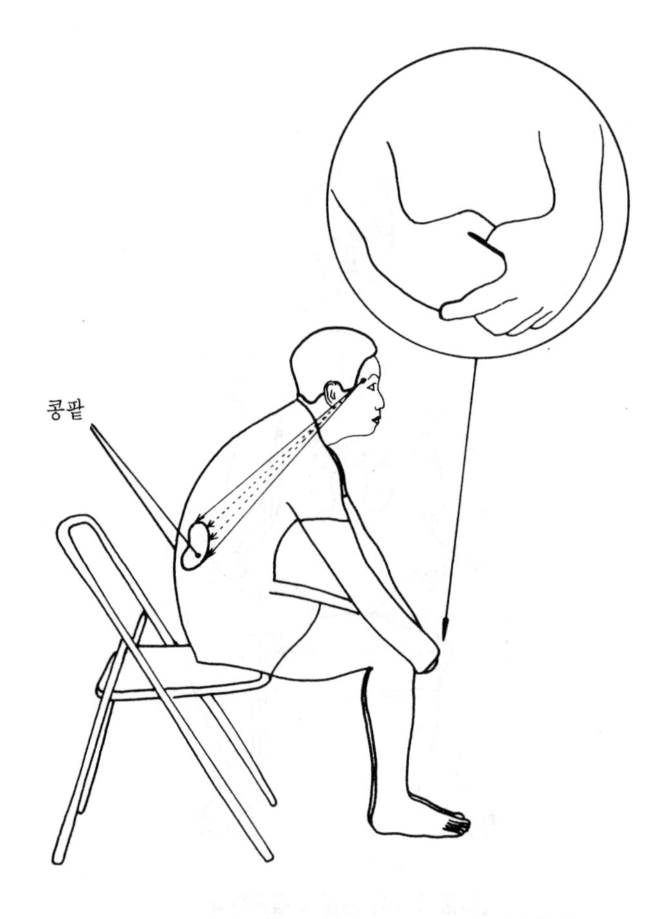

【그림 4-15】 한 손을 다른 한 손으로 꼭 쥔 상태에서 양팔 사이에 무릎을 끼운다.

콩팥 쪽으로 끌어당긴다. 여분의 열기와, 축축하고 병든 기운, 그리고 두려움이 콩팥을 둘러싼 막으로부터 밀려 나온다고 상상한다(그림 4-16, 17).

④ 완전히 숨을 내쉰 뒤에는 똑바로 앉아서 콩팥으로 천천히 숨을 불어넣는다. 이때 부드러움의 상징인 밝은 청색의 에너지가 콩팥으로 들어가는 것을 상상한다. 다리를 엉덩이 넓이만큼 벌리고, 손은 손바닥을 위로 하여 편안하게 넓적다리 위에 올려놓는다.

⑤ 눈을 감고 정상 호흡을 한다. 아직도 소리를 내고 있다고 상상하면서, 콩팥을 향해 미소 에너지를 내려보낸다. 몸에 느껴지는 감각에 주의를 기울인다. 콩팥과 양손, 그리고 머리와 다리 주위에서 에너지가 교환되는 것을 느껴 본다(그림 4-18).

⑥ 숨이 고르게 되면 3~6번 반복한다.

⑦ 등줄기의 통증이나 피곤함 · 어지러움 · 이명(耳鳴) 등을 제거하고자 할 때, 또는 콩팥의 독소를 제거하고자 할 때는 이것을 9~36번 반복한다.

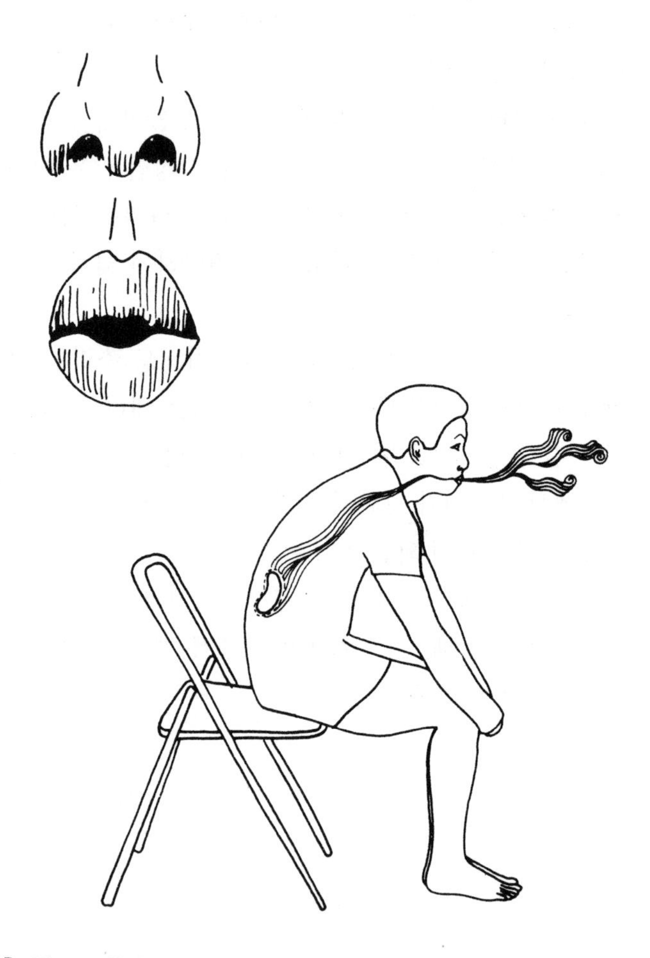

【그림 4-16】 촛불을 끌 때처럼 입을 동그랗게 오무리고 숨을 내쉬면서 낮게 소리를 낸다.

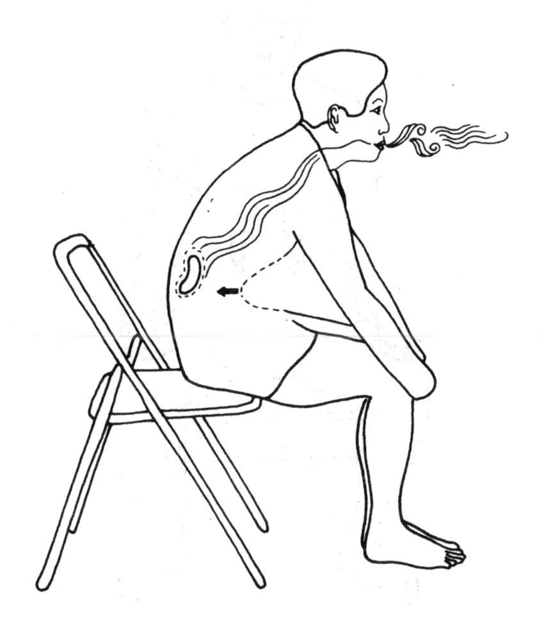

【그림 4-17】 가슴뼈와 배꼽 사이의 상복부를
콩팥 쪽으로 끌어당긴다.

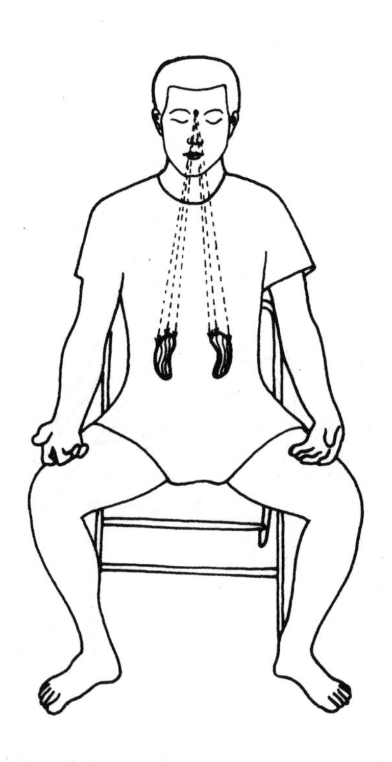

【그림 4-18】 눈을 감고 콩팥을 향해 미소 에너지를 내려보낸다.

6. 간의 수련 : 제3치유성

1) 특성

장기	연관 장기	오행 요소	계절	부정적 감정	긍정적 감정
간	쓸개	나무〔木〕	봄	분노, 호전성	자기 확장, 주체성

소리	몸의 부위	감각기관	맛	색
시이(SHH)	다리 안쪽, 샅, 횡격막, 갈비뼈	시각 : 눈, 눈물	신맛	초록

간은 봄에 활동이 왕성하다. 오행의 요소는 나무〔木〕이며, 색은 초록이다. 부정적 감정은 분노이며, 긍정적 감정은 친절이다. 간은 모든 독소를 해소하며 우리 몸에 있어서 특별히 중요한 장기이다.

2) 자세와 수련

① 간에 집중하고 눈과 간이 연결되어 있음을 느끼도록 한다(그림 4-19).

② 양팔을 자연스럽게 늘어뜨린다. 손은 손바닥을 위로 한 채 무릎 위에 올려놓는다. 숨을 크게 들이쉬면서 천천히 팔을 양옆으로 들어올린다(그림 4-20).

③ 팔을 머리 위까지 올린 다음 양손을 깍지끼어 손바닥을 뒤집어서 천장을 향하도록 한다(그림 4-21). 손목을 밀어올리면서 양팔과 어깨가 당겨지는 것을 느끼도록 한다(그림 4-22). 왼쪽으로 가볍게 구부려 주면서 간 부위가 가볍게 당겨지도록 한다

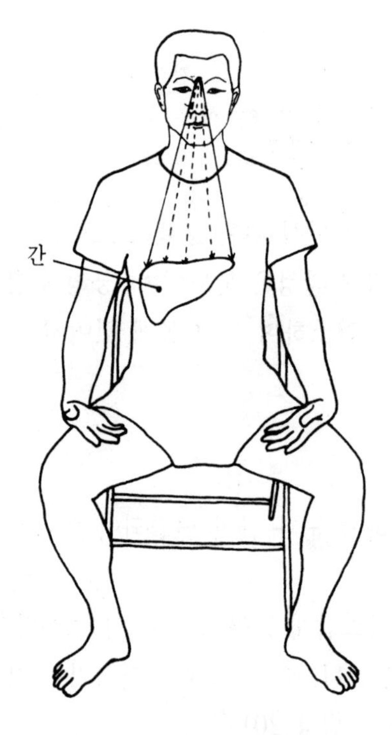

【그림 4-19】 간에 집중한다.

【그림 4-20】 천천히 팔을 양옆으로 올린다.

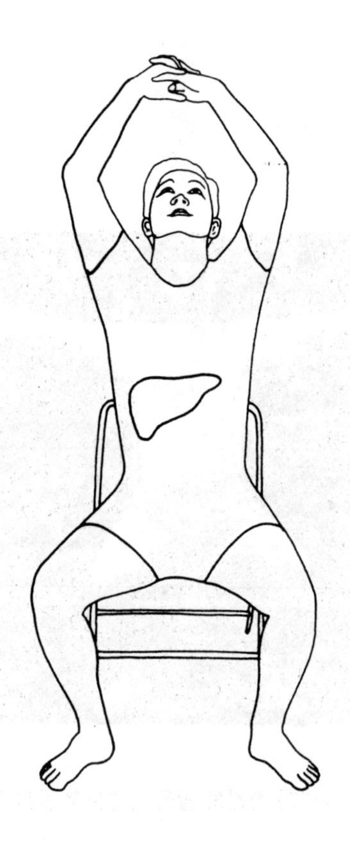

【그림 4-21】 양손을 깍지끼어 손바닥을 뒤집어서
천장을 향하도록 한다.

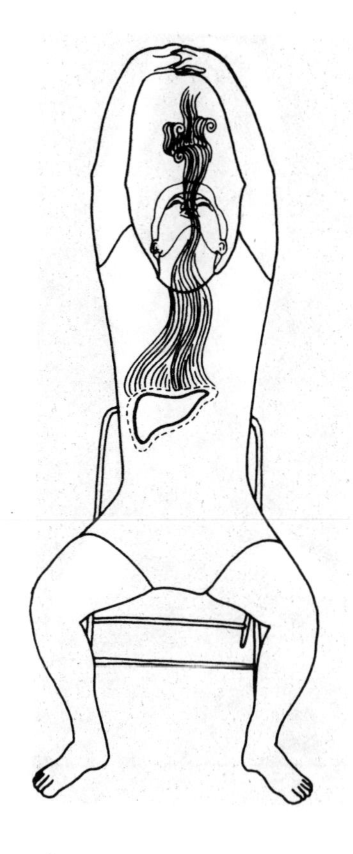

【그림 4-22】 손목을 밀어올리면서 양팔과 어깨가 당겨지는 것을 느껴본다.

【그림 4-23】 왼쪽으로 가볍게 구부려 주면서 간 부위가
가볍게 잡아당겨지도록 한다.

(그림 4-23).

④ '시(SHH)' 소리를 내면서 숨을 내쉰다(그림 4-24). 다시, 간을 감싸고 있는 막이 여분의 열과 분노를 밖으로 짜내고 있는 광경을 그려본다(그림 4-25).

⑤ 숨을 완전히 내뿜은 다음, 손가락을 풀고 손바닥으로 공기를 누르듯이 하면서 서서히 팔을 내린다(그림 4-26). 이때 숨을 천천히 간 속으로 불어넣으면서, 친절의 상징인 밝은 초록빛이 간 속으로 들어가는 것을 상상한다. 어깨를 내리면서 팔을 양옆으로 내리고, 손은 손바닥을 위로 한 채 무릎 위에 놓고, 휴식을 취한다.

⑥ 눈을 감고 정상 호흡을 한다. 간으로 미소 에너지를 내려보내면서 아직도 계속 소리를 내고 있다고 상상한다(그림 4-27). 느끼게 되는 감각에 대해 주의를 기울인다. 에너지가 교체되는

【그림 4-24】 '시이(SHH)' 소리를 내면서 숨을 내쉰다.

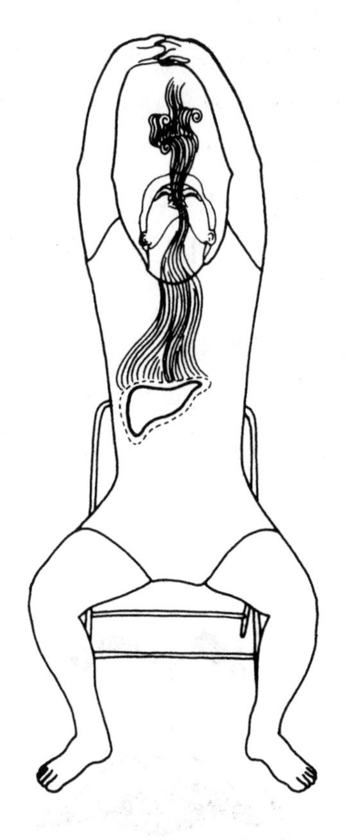

【그림 4-25】 간을 감싸고 있는 막이 여분의 열과 분노를
밖으로 짜내고 있는 광경을 그려본다.

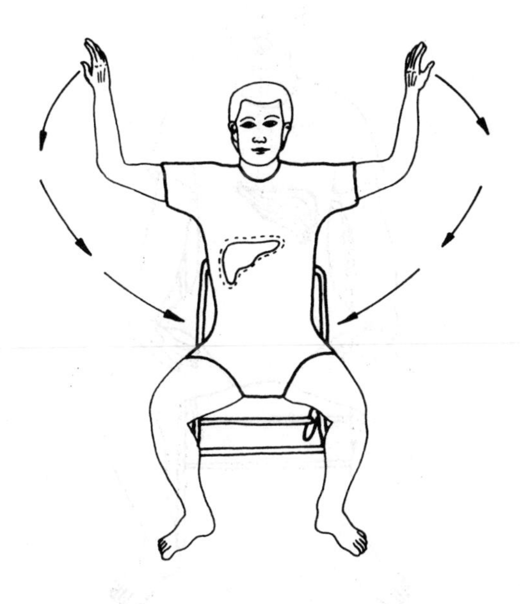

【그림 4-26】 손바닥으로 공기를 누르듯이 하면서 서서히 팔을 내린다.

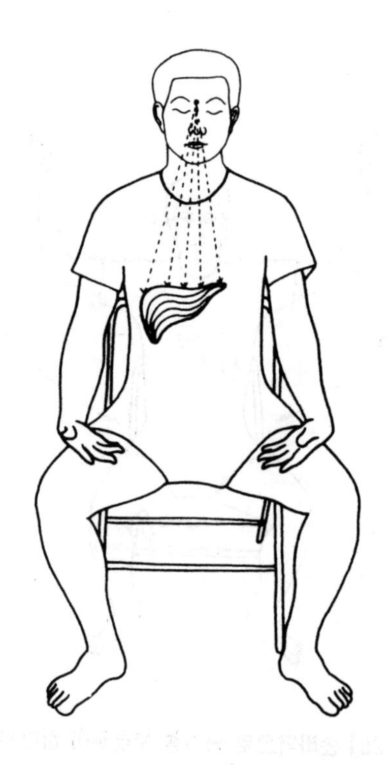

【그림 4-27】 눈을 감고 정상 호흡을 하면서
간으로 미소 에너지를 내려보낸다.

것을 느껴 본다.

⑦ 이와 같은 과정을 3~6번 반복한다. 분노, 충혈되고 눈물이 괴는 눈, 입맛이 시거나 쓴 경우, 또는 간의 독소를 제거하고자 할 때는 9~36번 반복한다.

분노를 조절하는 데 대한 도가의 격언이 하나 있다.

"간의 소리를 30회나 반복했음에도 불구하고 아직도 상대방에 대한 그대의 화가 풀리지 않았다면, 그대는 그 자의 뺨을 힘껏 갈겨주는 것이 마땅하다."

7. 심장의 수련 : 제4치유성

1) 특성

장기	연관 장기	오행 요소	계절	부정적 감정	긍정적 감정
심장	작은창자	불〔火〕	겨울	조급, 교만, 성급, 비겁, 폭력	즐거움, 명예, 성실, 창의력, 열의

소리	신체의 부위	감각 기관	맛	색깔
호오(HAWW)	겨드랑이, 팔 안쪽	혀, 언변	쓴맛	빨강

심장은 끊임없이 일을 한다. 1분에 약 72번 뛰므로, 한 시간에 약 4,320번, 하루에 약 103,680번 뛰는 셈이다. 따라서 자연히 열이 발생하며, 이 열은 심장의 막인 심낭(心囊)에 의해 방출된다. 비전 도교 기공의 관점에서 볼 때 이 심낭은 대단히 중요하며 별도의 장기로 간주되고 있을 정도이다.

2) 자세와 수련

① 심장에 집중하고 혀가 심장에 연결되어 있음을 느낀다(그림 4-28).

② 숨을 깊이 들이쉬면서 두 팔을 서서히 양쪽으로 들어올린다(그림 4-29). 팔을 머리 위까지 올린 다음, 양손을 깍지끼어 손바닥을 뒤집어서 천장을 향하도록 한다. 손목을 밀어올리면서 양팔과 어깨가 당겨지는 것을 느껴 본 다음, 오른쪽으로 약간 굽히면서 심장 부위가 가볍게 당겨지도록 한다(그림 4-30).

③ 입을 조금 벌리고 입술을 동그랗게 한 뒤 '호오(HAWW)'

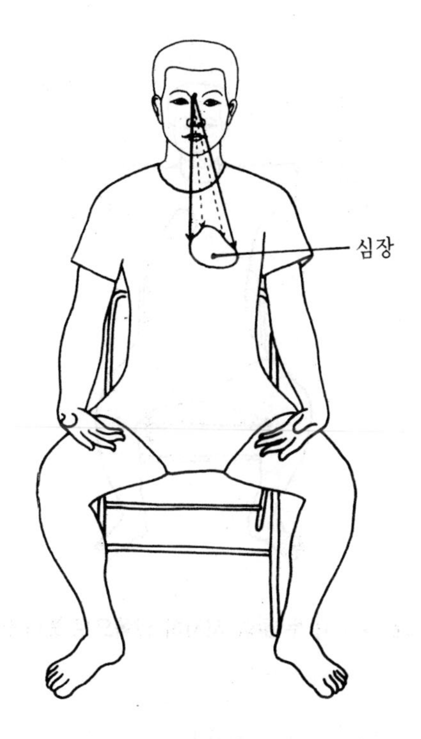

【그림 4-28】 심장에 집중하고
허가 심장에 연결되어 있음을 느낀다.

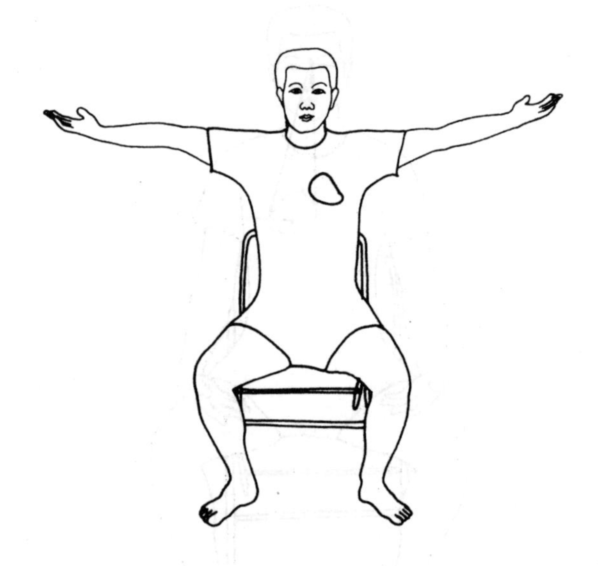

【그림 4-29】 두 팔을 서서히 양쪽으로 들어올린다.

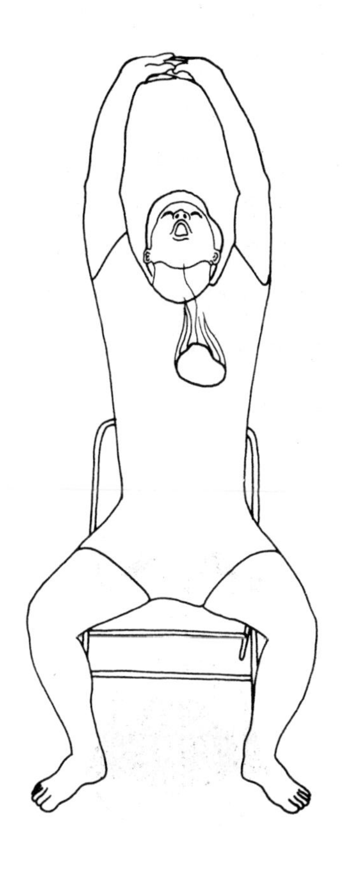

【그림 4-30】 오른쪽으로 약간 굽히면서 왼쪽의 심장 부위가 가볍게 당겨지도록 한다.

소리를 낮게 내면서 숨을 내쉰다(그림 4-31). 이때 심낭이 열과 조급함 · 교만함 · 성급함들을 밖으로 짜내고 있는 광경을 머리 속으로 그려본다(그림 4-32).

④ 나머지 부분은 앞에서 설명한 간의 소리 수련시의 동작을 반복한다. 다만 제일 끝에는 심장에 주의를 집중하고, 밝고 붉은 빛과 즐거움 · 명예 · 성실 · 창의성과 같은 특성들이 심장을 가득 채우는 것을 상상한다(그림 4-33).

⑤ 이 과정을 3~6번 반복한다. 목구멍이 쓰리거나 감기에 걸렸거나 잇몸 · 혀가 부었을 때, 또는 심장병 · 심장의 통증 · 신경과민 · 우울증 같은 증세가 있거나 심장의 독소를 제거하고자 할 때는 이 과정을 9~36번 반복한다.

【그림 4-31】'호오(HAWW)' 소리를 내면서 숨을 내쉰다.

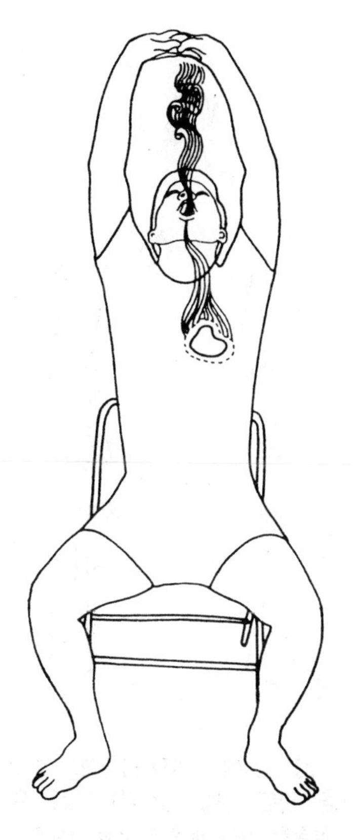

【그림 4-32】 심낭이 열과 조금함 · 교만함 · 성급함들을 밖으로 짜내고 있는 광경을 머리 속으로 그려본다.

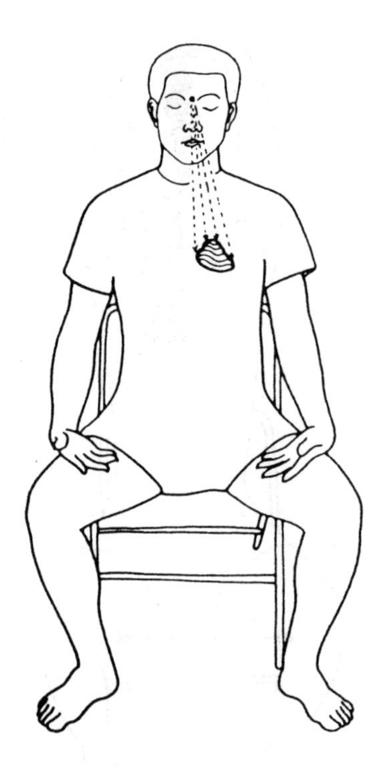

【그림 4-33】 심장에 주의를 집중하고 밝고 붉은빛과 즐거움 · 명예 · 성실 · 창의성과 같은 특성들이 심장을 가득 채우는 것을 그려본다.

8. 비장의 수련 : 제5치유성

1) 특성

장기	연관 장기	오행	계절	부정적 감정	긍정적 감정
비장	췌장, 위	흙(土)	초가을	걱정, 동정, 연민	공정, 열정, 집중, 음악성

소리	몸의 부위	감각기관	맛	색
후우(WHOO)	위장의 뒤쪽	입 : 맛	중간	노랑

비장은 초가을에 활동이 왕성하다. 오행의 요소는 흙〔土〕이며, 색은 노랑이다. 부정적 감정은 걱정 · 동정 · 연민이며, 긍정적 감정은 공정 · 열정 · 집중 · 음악성이다. 비장은 백혈구의 생성과 노폐한 적혈구를 파괴하는 기능을 지니고 있는 아주 중요한 장기이다.

2) 자세와 수련

① 비장에 집중하면서 입과 비장이 연결되어 있음을 인식한다(그림 4-34).

② 숨을 크게 들이쉬면서 양쪽 손끝을 명치 부분에 갖다 댄다(그림 4-35). 이때 양손의 검지손가락을 가슴뼈 밑 약간 왼쪽에 위치시킨다(그림 4-36). 등을 앞으로 밀어내면서 손가락들로 그 부위를 안쪽으로 눌러 준다(그림 4-37).

③ 입술을 동그랗게 하여 '후우(WHOO)' 소리를 낮게 낸다(그림 4-38). 성대가 울리는 걸 느끼면서 숨을 내쉰다(그림 4-39).

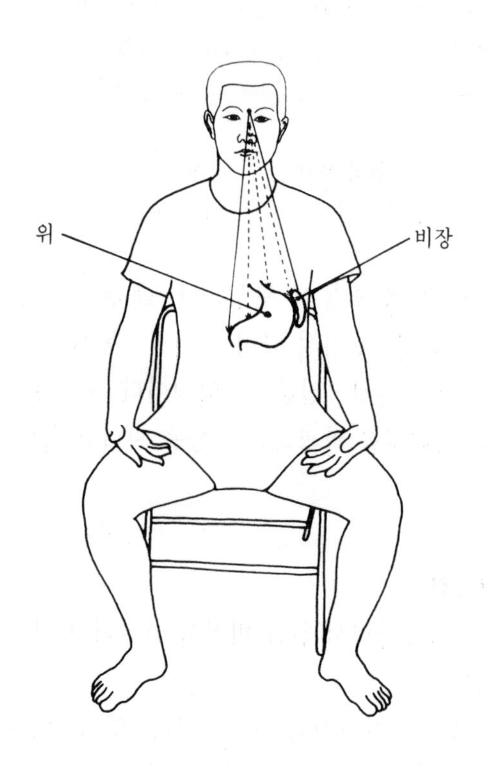

【그림 4-34】 비장에 집중하면서 입과 비장이 연결되어 있음을 인식한다.

【그림 4-35】 숨을 크게 들이쉬면서 양쪽 손끝을
명치 부분에 갖다댄다.

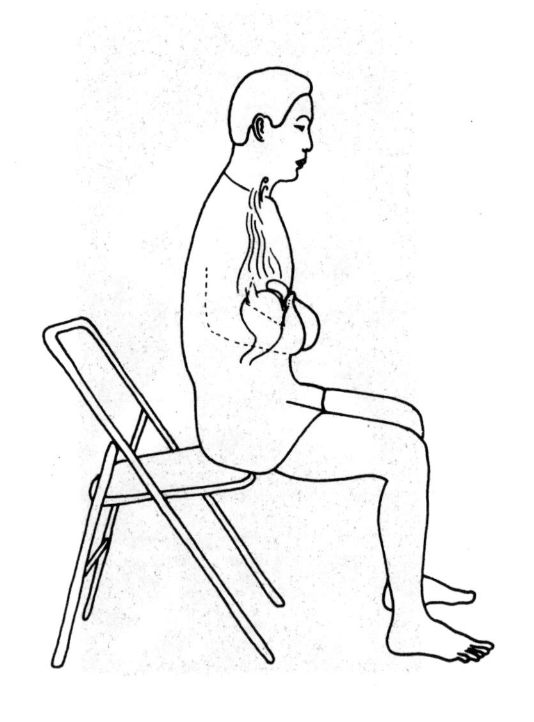

【그림 4-36】 양손의 검지손가락을 가슴뼈
밑 약간 왼쪽에 위치시킨다.

【그림 4-37】 손가락들로 비장 부위를 안쪽으로 눌러 준다.

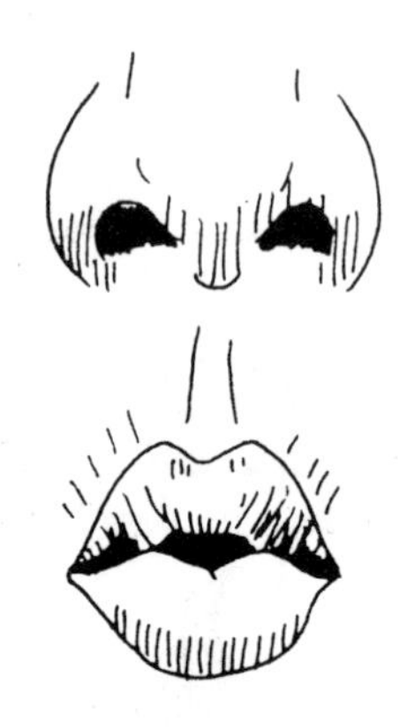

【그림 4-38】 '후우(WHOO)' 소리를 낮게 낸다.

그와 함께 여분의 열과 습기, 축축함과 걱정 · 동정, 그리고 연민의 감정들을 몰아내도록 한다.

④ 공기를 흡입하면서 비장과 췌장, 그리고 위장으로 숨을 넣어 준다(그림 4-40). 이때 밝은 노랑과 공정함 · 열정 · 집중력, 그리고 음악을 창작하는 힘이 그 장기들 속으로 들어가는 것을 느껴 보도록 한다.

⑤ 양손을 천천히 내려 손바닥을 위로 하여 무릎 위에 놓는다.

⑥ 눈을 감고, 정상 호흡을 하면서, 아직도 '후우(WHOO)' 소리를 내고 있다고 상상한다. 비장 · 췌장 · 위장으로 미소 에너지를 내려보낸다. 신체의 이상 감각과 에너지 교환을 느껴 보도록 한다(그림 4-41).

⑦ 위 동작을 3~6번 반복한다.

【그림 4-39】 성대가 울리는 걸 느끼면서 숨을 내쉰다.

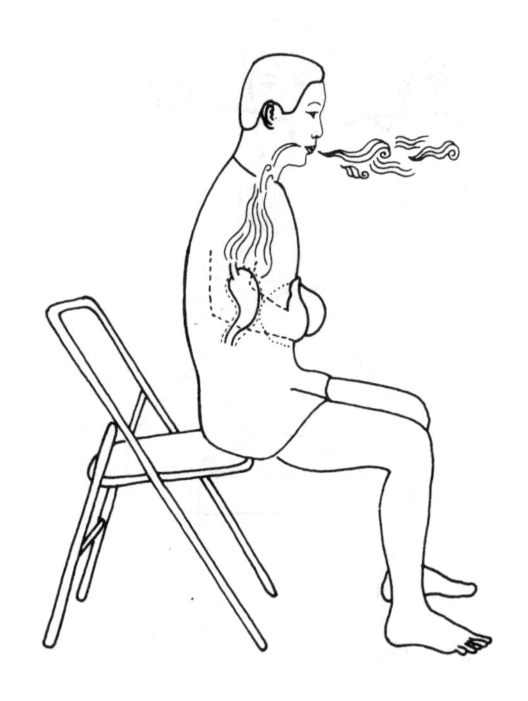

【그림 4-40】 공기를 흡입하면서 비장·췌장·위장으로 숨을 넣어 준다.

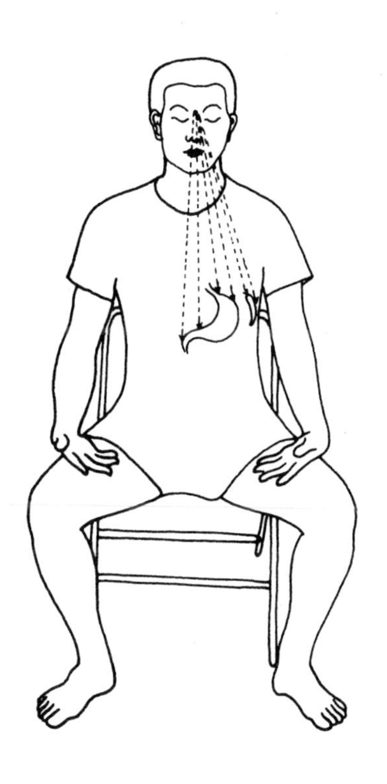

【그림 4-41】 눈을 감고 정상 호흡을 하면서 비장 · 췌장 · 위장으로 미소 에너지를 내려보낸다.

⑧ 소화불량 · 현기증 · 설사 등의 증세가 있거나 비장의 독소를 제거하기 위해서는 이 동작을 9~36번 반복한다.

비장의 소리는 다른 치유성들과 함께 행하면 더욱 효과적이다. 또한 위산 중화제를 사용하는 것보다 훨씬 효과적이다. 비장의 소리는 식후에 즉시 수련할 수 있는 유일한 치유성이다.

9. 삼초(三焦)의 수련 : 제6치유성

1) 특성

'삼초(三焦)'란 우리 몸의 에너지 중심을 세 층(層)으로 나눈 것을 말한다. 머리 · 가슴 · 허파로 이루어진 상층부〔上焦〕는 뜨겁다. 간 · 콩팥 · 위 · 췌장 및 비장으로 이루어진 중층부〔中焦〕는 따뜻하다. 그리고 큰창자 · 작은창자 · 방광 · 성기관들로 이루어진 하층부〔下焦〕는 차갑다.

제6치유성은 이 세 층의 온도를 알맞게 조절한다. 즉 뜨거운 에너지는 낮은 곳으로 보내고 찬 에너지는 높은 곳으로 보냄으로써 균형을 잡아 주는 것이다.

이 소리는 당신으로 하여금 깊고 편안한 잠을 잘 수 있게 해 준다. 많은 수련생들이 이 소리를 수련함으로써 그들이 장기간 의지해 왔던 수면제로부터 해방될 수 있었다. 이것은 또한 스트레스의 해소에도 큰 효과가 있으며, 계절 · 색깔, 또는 감정들과는 아무런 관계가 없다.

2) 자세와 수련

① 등을 바닥에 대고 눕는다. 만일 이때 허리나 요추 부위에 통증이 느껴지면 무릎 밑을 베개로 받쳐 준다.

② 눈을 감고 누워서 숨을 깊이 들이마신다. 이때 장기와 허리의 긴장을 푼다(그림 4-42, 43).

③ 숨을 내쉬면서 '히이(HEE)' 소리를 낮게 낸다(그림 4-44). 이때 커다란 로울러가 당신의 숨을 가슴 위에서부터 아랫배

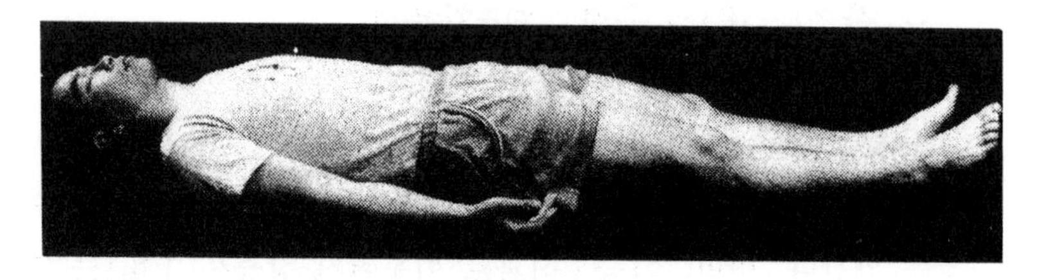

【그림 4-42】 눈을 감고 누워서 숨을 깊이 들이마신다.

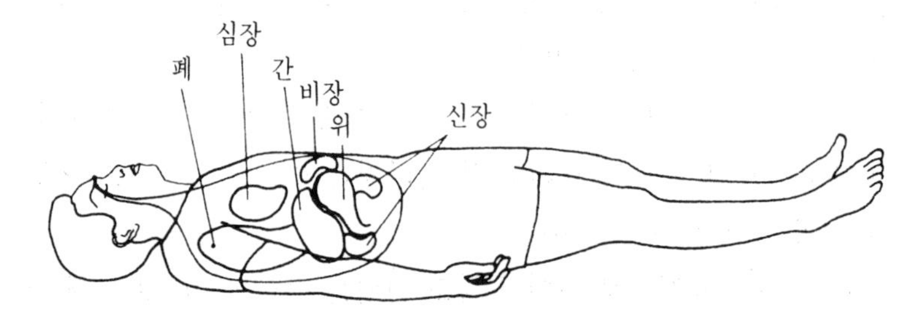

【그림 4-43】 장기들의 위치

【그림 4-44】 '히이(HEE)' 소리를 낮게 낸다.

까지 밀고 내려가는 것을 상상하면서 느끼도록 한다. 가슴과 배가 종잇장처럼 얇아진다고 생각하면서, 몸이 가볍고 밝고 텅 비어 가는 것을 느껴 본다(그림 4-45). 끝으로 숨을 자연스럽게 쉬면서 편안히 휴식한다(그림 4-46).

④ 3~6번 반복하되, 만일 그때까지도 아무런 감각이 없으면 또다시 되풀이한다. 이 기법은 옆으로 누워서 하거나 의자에 앉아서 하면, 잠에 빠져드는 일 없이 긴장을 푸는 방법으로 활용할 수 있다(그림 4-47).

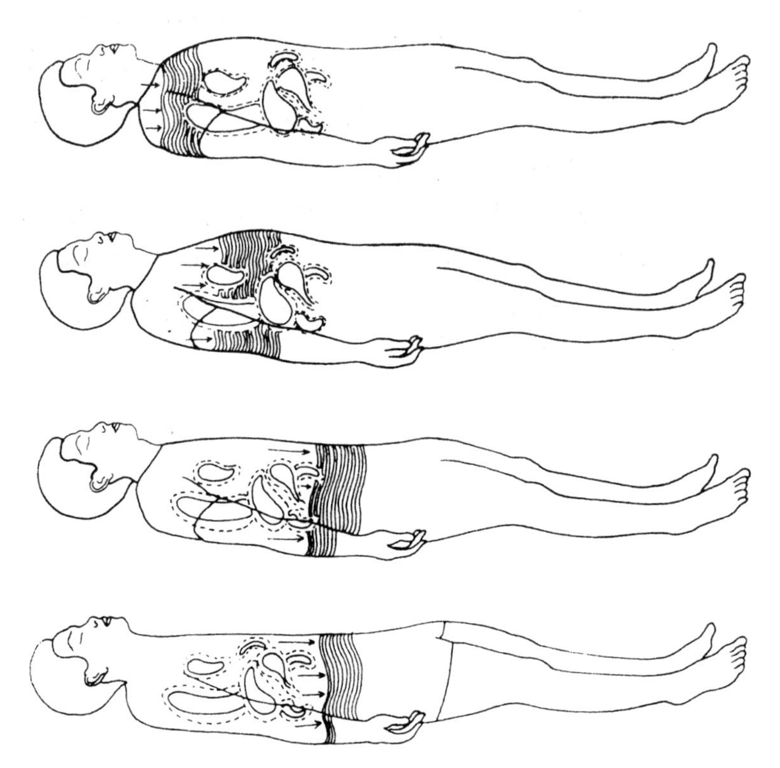

【그림 4-45】 커다란 로울러가 숨을 가슴 위에서부터
아랫배까지 밀고 내려가는 것을 상상한다.

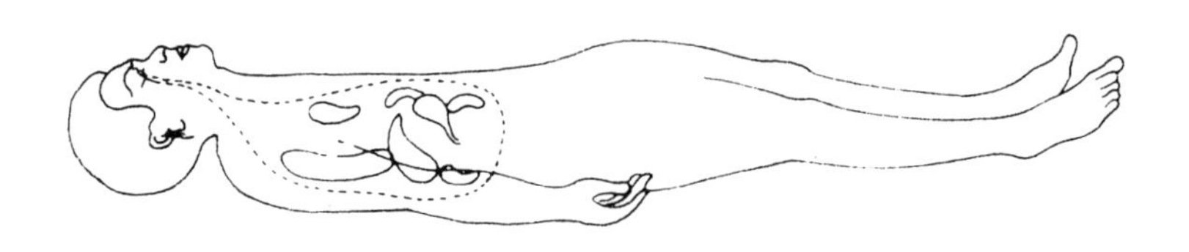

【그림 4-46】 숨을 자연스럽게 쉬면서 편안히 휴식한다.

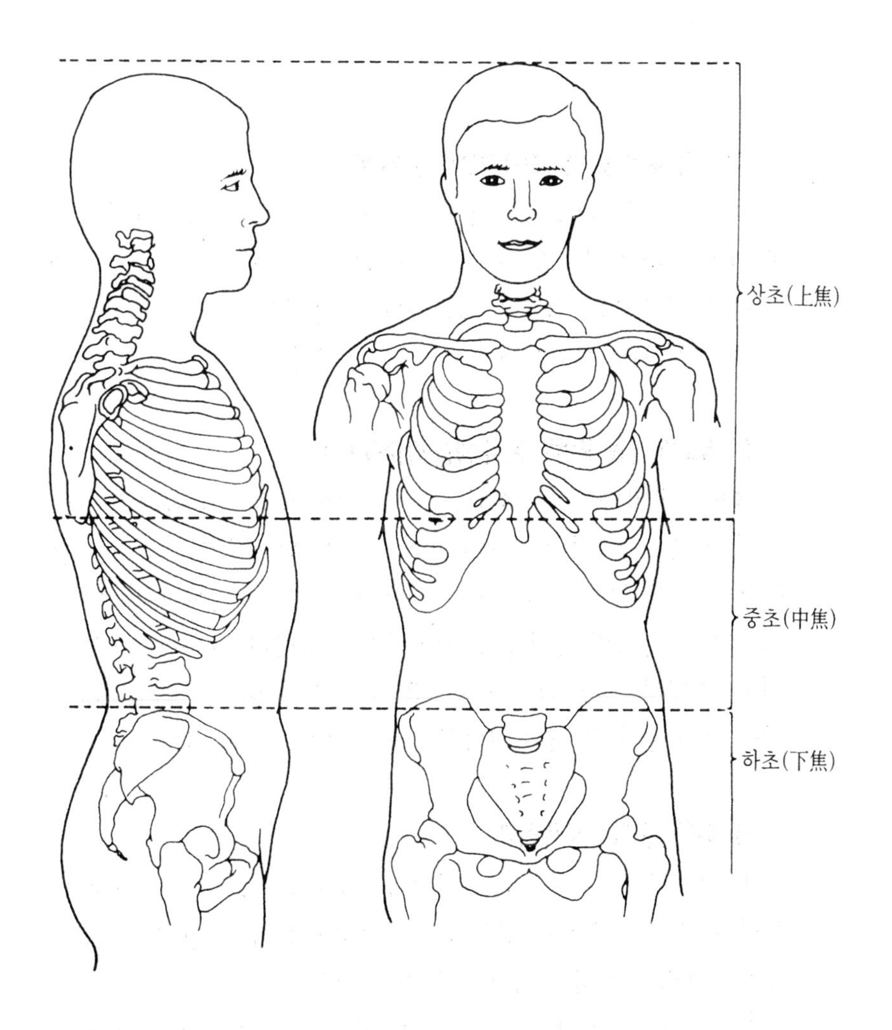

【그림 4-47】 삼초(三焦)

10. 일상적 활용

1) 치유 육성을 매일 지속적으로 수련하라

하루 중 언제라도 상관없지만, 치유 육성은 잠자리에 들었을 때 수련하는 것이 제일 좋다. 왜냐하면 치유 육성은 잠을 깊고 편안히 잘 수 있도록 해주기 때문이다. 일단 숙달되고 나면, 수련하는 데 불과 10~15분밖에 걸리지 않게 된다.

2) 격렬한 운동 후에는 몸의 열을 방출시켜라

에어로빅이나 조깅, 호신술, 또는 어떤 종류의 요가나 명상이든 몸의 상층부(머리, 가슴)에 많은 열을 발생시키는 운동을 한 후에는 즉시 치유 육성을 수련하여 열을 방출시켜야만 한다. 만일 그렇지 않으면 장기들이 과열 현상을 나타냄으로써 위험을 초래할 수 있다. 또한 격렬한 운동을 한 뒤에는 찬물로 샤워를 하지 않는 것이 좋다. 장기에 지나친 충격을 주기 때문이다.

3) 올바른 순서로 수련하라

① 항상 올바른 순서로 수련하라. 허파의 소리(가을), 콩팥의 소리(겨울), 간의 소리(봄), 심장의 소리(여름), 비장의 소리(초가을), 그리고 트리플 워머의 순서로 한다.

② 만일 특정한 장기, 또는 그와 관련된 증세가 당신을 괴롭히거든 전체 과정의 횟수를 모두 늘리지 말고 그 장기를 위한 치유 성의 반복 횟수만 늘리도록 하라.

4) 계절 · 장기, 그리고 치유성

장기는 그것의 지배적 계절 동안에는 활동이 더욱 활발해진다. 따라서 더 많은 열을 발생시킨다. 그러므로 계절에 따라 해당 장기의 치유성을 수련하는 횟수를 늘려 주도록 한다.

예를 들어 봄에는 다른 장기들의 치유성은 3~6회만 실시하고 간의 치유성은 6~9회 실시한다. 만일 당신이 시간에 너무 쫓기거나 지나치게 피곤할 때는 단지 허파와 콩팥의 치유성만 수련해도 아무 상관이 없다.

5) 수련 도중의 휴식중에도 장기를 의식하라

각 치유성을 수련하는 사이 사이의 휴식 시간은 매우 중요하다. 이때야말로 당신이 장기들과 좀더 접촉하게 되고 좀더 긴밀히 인식하게 되는 시간이다. 때때로 당신이 쉬면서 장기들에게 미소를 보내면, 장기들과 팔다리 안에서 에너지가 교환되는 것을 느낄 수 있다. 머리에서도 또한 에너지가 흐르는 것을 느끼게 된다. 치유성들 사이의 휴식 시간의 길이는 당신이 원하는 만큼 길게 잡아도 좋다.

제 5 장 일상 생활에 활용하는 도가의 지혜

1. 미소로써 스트레스를 녹여 버려라

눈에는 언제나 진정한 미소를 머금어라. 당신의 마음을 사랑으로 가득 채워라. 이것은 예방약의 기능을 한다. 당신이 슬프거나 화가 났거나 울거나 우울하거나 신경질적이 되었을 때 몸 안의 장기들은 독소를 분비한다. 그러나 당신이 행복감을 느끼면서 미소짓고 있을 때 몸 안의 장기들은 꿀과 같은, 몸을 튼튼하게 해주는 분비물을 분비한다.

오늘날 현대인의 삶이 몹시 바쁘다는 것은 상식이다. 하루의 일과가 끝날 때쯤이면 많은 사람들이 두통을 겪는다. 당신의 내부와 당신 주위의 모든 사람들에게 외관상으로 스트레스가 쌓이고 있는 상황에 대처하기 위해서 우리는 무엇인가 조치를 취하지 않으면 안 된다.

이상하게 들리겠지만, 이런 상황에서 우리가 해야 할 일은 아무 것도 하지 않는 일이다. 어떤 견딜 수 없는 상황이 발생하면 그것이 어떤 것이든간에, 당신은 그것에 끌려들지 않도록 하는 방법을 배워야만 한다. 그것을 가능케 해주는 것이 바로 미소이다. 간단한 미소로 인하여 세상이 달라진다. 미소의 힘은 당신이 상상하는 것 이상으로 크다.

처음에는 당신이 내면의 미소의 결과를 새로운 경험으로 삼는 것은 물론 납득하는 것조차 대단히 힘들지 모른다. 그러나 충분한 수련을 통해서 당신은 그것을 당신 자신의 삶의 일부로 용해시킬 수 있게 된다.

당신이 언제 어디서 무엇을 하고 있든간에 미소를 짓고, 긴장을 풀고, 마음을 사랑으로 가득 채워서 그 사랑의 감정이 당신의 몸 전체에 흘러 넘치게 하라. 이것은 너무나 간단하면서도 너무나 멋진 방법이다. 그저 평화롭게, 사랑하는 마음을 갖고 미소지어라. 그러면 당신의 스트레스는 깨끗이 녹아 없어질 것이다.

2. 말을 적게 하라

말을 적게 하라. 말할 내용과 언제 어떻게 그것을 말할 것인가를 주의하여 선택하라. 적절하게 말을 할 수 있다는 것은 모든 사람들을 위한 축복이며, 말을 적게 하는 것은 귀중한 자신의 에너지를 보존하는 길도 된다.

3. 생각은 적게, 행동은 많이

미래나 과거에 대해서는 생각을 적게 하라. 그것들이 바로 걱정의 토대인 까닭이다. 걱정은 스트레스를 만든다. 그 대신 행동은 많이 하라. 일상 생활 속에서 당신이 할 수 있을 때는 언제든지 자신과 남을 돕고 용서하는 데 열중하고 그러한 자세를 견지하라.

4. 정신적 힘을 길러라

비전 도교 기공의 수련법은 생산적이고 정신적인 힘을 배양하는 것과 관계가 있다. 한자에서도 그러하듯 다른 많은 동양의 언어에서는 '마음(心)'이라는 말이 또한 '심장'을 뜻하기도 한다.

당신이 개인적 욕망에 더 이상 관심을 두지 않게 되는 상태에 도달하면, 그때는 자기 자신을 잊어버리고 자신의 마음을 배양하는 것이 가능해지며 질병으로부터 자유로워질 수 있게 된다.

만일 당신이 질병에 걸려서 명상을 할 때는, 질병에서 벗어나기 위해 명상한다고 생각지 말라. 그 대신, 단순히 지시받은 포인트, 또는 방법에만 집중하기 바란다. 그러면 다른 모든 잡념이 떨어져 나갈 것이다.

5. 섹스를 통제하라

당신의 섹스를 통제하라. 너무 잦은 방사는 에너지의 축적과 집중력을 감소시킨다. 마음은 감각 기관들, 즉 눈 · 귀 · 입 · 코가 입력시켜 준 것들에 의해 괴로움을 당한다. 만일 당신이 젊고 성적 자극이 심한 이성들 앞에 노출되어 있다면, 당신은 섹스에 대한 유혹을 참기 힘들 것이다. 그러나 당신은 당신의 귀중한 에너지를 보존하기 위해서 섹스를 통제하지 않으면 안 된다.

6. 머리는 차게, 발은 따뜻하게

당신의 머리를 가장 존엄한 것으로 생각하라. 당신의 머리를 신(神)과 마음〔心〕의 신성한 성전으로 생각하라. 그것을 영혼의 사원으로 생각하고, 모든 살아있는 장기들의 주조정실로 생각하라. 당신이 꼭 지켜야 할 지침이 있다.

「머리는 차게, 발은 따뜻하게!」

이렇게 하면, 머리에 너무 많은 열기가 모이게 되어 불편한 상태가 되거나 병이 나는 것을 확실히 예방할 수 있게 된다. 에너지가 머리 위에 몰리게 되면 고혈압 증세가 생길 수 있다. 에너지를 발 쪽으로 내려보내는 것은 그 압력을 해소시켜 주며, 또 발을 따뜻이 하는 것은 당신을 심장의 발작으로부터 지켜준다.

발을 잘 문질러 주고 따뜻이 하라. 그것이 끝나면, 에너지를 항상 배꼽에 축적하고 그곳을 따뜻하게 해 주어야만 한다.

7. 목을 따뜻하게

목은 여러 가지 중요한 혈관과 신경들이 통과하는 곳일 뿐만 아니라 인체의 가장 중요한 부분인 머리를 연결한다. 그러므로 항상 따뜻하게 하고 미소로 충만(充滿)하게 하여 뻣뻣하지 않게 유지해야만 한다.

또한 감각 기관들을 지나치게 혹사하지 않도록 노력하라. 한 번에 너무 오래 무엇을 바라보거나 듣지 말라. 감각을 너무 지나치게 혹사하면 질병이 발생한다. 지나치게 먹고 마시는 것 또한 스스로를 병들게 하는 일이다.

당신이 수명을 연장하고 질병을 피하고 싶다면, 하루에 여러 차례 침 삼키는 훈련을 하라. 목욕을 하거나 땀을 흘린 직후에 곧바로 바람을 쐬는 일이 없도록 하라. 소주천 회로를 수련하고 32개 경락을 모두 유통시킴으로써, 몸 안의 혼탁한 에너지를 순수한 생명 에너지로 바꾸어야만 한다. 당신의 내부에 있는 신성(神性)을 만족시켜라. 그러면 당신은 언젠가 문득 불멸의 깨달음을 얻게 될 것이다.

8. 섭생(攝生)의 지혜

배가 꽉차도록 과식(過食)을 하고 나서 곧바로 자리에 눕거나 한 군데에 앉은 채로 오래 있지 말라. 그러한 일의 반복이 당신의 수명을 단축시킨다. 항상 적절한 양의 식사를 하고 가볍게 산책을 하라. 또한 밤중에 잠자리에 들기 전에 무엇을 먹는 일은 결코 해서는 안 된다. 적은 양의 음식을 자주 먹도록 하라. 그렇게 함으로써 오장(五臟)에 지나친 부담을 주지 않게 된다.

음식을 먹을 때는 뜨거운 음식을 제일 먼저 먹고, 그 다음에 따뜻한 것, 그리고 찬 것을 제일 나중에 먹도록 한다. 찬 음식이 없을 때는 찬물을 마시도록 한다. 음식을 먹기 전에는 항상 가볍게 숨을 들이쉬어 약간의 공기를 삼키도록 한다.

봄에는 얼큰한 음식을 좀더 먹도록 하고, 여름에는 신 음식을 좀더 먹도록 하며, 가을에는 씁쌀한 음식을 좀더 먹도록 하고, 겨울에는 다른 계절보다 음식들을 덜 짜게 먹도록 유념한다.

그러나 이런 것이 또 너무 지나쳐서는 안 된다. 일반적으로 조리를 한 음식이 날음식보다 낫고, 조금 먹는 것이 과식을 하는 것보다 낫다. 지나치게 많이 먹었을 때는 식후에 물을 너무 많이 마시지 말아야 하며, 또 단숨에 꿀꺽꿀꺽 마셔서는 안 된다.

오랫동안 굶주렸다가 포만감을 느낄 때까지 먹을 때 소화 불량이 생기게 된다. 빈 속에 과일을 날것으로 먹지 말라. 과일이 횡격막 위에 열을 가해 주기 때문이다. 채소를 날것으로 너무 많이 먹는 것도 건강에 좋지 않다.

9. 지나치게 해서는 안 될 일들

지나치게 오래 걸으면 힘줄이 상한다. 지나치게 오래 앉아 있으면 피부가 상한다. 지나치게 오래 서 있으면 뼈가 상한다. 지나치게 오래 누워 있으면 생기(生氣)를 잃는다. 그리고 지나치게 오래 바라보면 피가 나빠진다.

분노 · 비통 · 연민(憐憫) · 우수(憂愁) 등의 감정은 몸에 해롭다. 이는 지나친 즐거움이나 기쁨이 몸에 해로운 것과 마찬가지이다. 괴로워하는 것은 해로우며, 섹스를 지나치게 억제하는 것도 해롭고, 무언가 안달하는 것도 좋지 않다. 간단히 말해서, 중용(中庸)을 무시하는 것은 모두 다 해로운 것이다.

10. 기쁨은 에너지를 증강시킨다

큰 기쁨은 생기가 솟아나게 한다. 큰 슬픔은 에너지의 흐름을 차단시킨다. 섹스를 무절제하게 행하면 생명 에너지를 고갈시키게 된다. 침을 삼키면 침이 가지고 있는 요소들을 증가시키게 된다. 삼켜 주지 않으면, 침은 힘을 잃게 된다. 앓고 있을 때는 머리를 북쪽으로 두지 말라. 잠에서 깨어나자마자 말을 너무 많이 하는 것 또한 당신의 건강을 해친다.

11. 계절에 따른 건강 관리

겨울철에는 발을 따뜻하게 하고 머리를 시원하게 해 준다. 봄 · 가을에는 머리와 발을 모두 시원하게 해 준다. 병에 걸렸거나 땀을 흘리고 있을 때는 찬 물을 마시지 말라. 당신의 심장과 위를 상하게 하기 때문이다.

봄 · 여름에 잠자리에 누울 때는 머리를 동쪽을 향하게 하고, 가을 · 겨울에는 서쪽을 향하게 하라.

질병에 걸리지 않으려면, 식전에 소변을 볼 때 앉아서 보고, 식후에는 서서 소변을 보라. 잠을 잘 때에는 무릎을 구부리고 옆으로 누워서 자라. 그 자체가 당신의 생기를 돋구어 줄 것이다. 여름 · 가을에는 일찍 자고 일찍 일어날 것이며, 겨울에는 일찍 자고 늦게 일어나라. 그리고 봄에는 아직 해가 있을 때 잠자리에 들어 아침 일찍 일어나도록 하라.

제2부

기공 마사지

제 6 장 기공 마사지의 효용과 원리

고대로부터 현대에 이르기까지, 도가의 스승들은 겉보기나 실제 행동에 있어서 실제 나이보다 최소한 20년은 젊게 보인다. 이것은 주목할 만한 일이다. 그들이 이토록 원기 왕성할 수 있는 비결 가운데 하나는 도가에서 전해 오는 기공 마사지의 수련일 것이다. 기공 마사지는 자기 내부의 생명 에너지를 활용하여 감각기관들(눈, 귀, 코, 혀, 이, 피부)과 내부 장기들을 강화하고 원기를 회복시키는 것이다. 이러한 기술들은 대략 5,000년 전에 개발된 것들이며, 한 스승으로부터 소수의 제자들에게 비밀리에 전수되어 왔다. 뿐만 아니라 스승들도 대개 그 방법의 일부분만을 알고 있었다.

나는 여러 분야의 도가 스승들로부터 배운 바를 토대로 하여 전체의 방법을 조립함으로써 하나의 논리적 체계를 세웠다. 이 수련법을 매일 5~10 분씩 수련하면 여러분은 혈색을 비롯하여 시각 · 청각 · 후각과 이 · 잇몸 · 혀, 그리고 전반적 스태미너를 보다 뛰어나게 강화할 수 있게 된다.

1. 강한 감각은 부정적 감정을 통제한다

'기공 마사지'의 수련은 다양한 감각 기관과 신체의 주요 기관들에 있는 경락, 또는 '에너지의 통로'에 존재하는 장애물들을 제거함으로써 제 기능을 활성화한다. 이것은 에너지를 성적 기관과 항문으로부터 끌어올려 얼굴 · 손 · 감각 기관, 또는 특정 부위로 보내는 기공의 독특한 수련을 통해서 이루어진다.

인체의 감각 기관들은 체내의 장기들과 연결되어 있고, 그 장기들은 긍정적, 또는 부정적 감정들을 저장하거나 생성시키는 것으로 믿어지고 있다. 따라서 감각 기관들을 강화함으로써 우리는 부정적 감정들을 제어하는 것을 도울 수 있다.

감각 기관들은 긴장 · 분노 · 두려움과 같은 외부의 영향을 최초로 받아들인다. 또한 이러한 외부의 부정적 영향들은 내부의 장기들과 신경 조직에 영향을 미친다. 그러므로 감각을 강화하는 것은 우리에게 부정적으로 작용할 수 있는 외부의 영향들이 지나치게 쌓이는 것을 막는 데 도움이 된다.

기공 마사지를 10여 년간 가르쳐 오면서, 나는 사람들이 이를 활용하여 자신들의 감정적 · 개인적 · 사회적 생활들을 개선하는 것을 보아 왔다.

내 제자 중 한 사람은 강한 두려움을 품고 있었는데, 그것이 항상 그로 하여금 쉽게 화를 내게 하는 원인이 되어 있었다. 또한 그것은 그에게 우울증과 짜증과 위의 통증을 가져다 주었다. 일이 이쯤 되면 누구든 좀처럼 사교성을 갖추거나 친절하거나 또는 남들과 사귀기 어렵게 된다. 몇 주일 동안 '내면의 미소'와 '간의 소리', 그리고 '간과 위장에 대한 마사지'를 수련하고 나서야 비로소 그의 우울증은 가벼워졌고 사람들과 친하게 되었다.

제 7 장 내장의 에너지와 연결되어 있는 항문

1. 회음부의 기능

회음부는 항문과 성적 기관들을 포함한다. 또한 항문 부위는 연관되어 있는 장기들의 '에너지'와 밀접하게 연결되어 있는 다양한 부분들로 나뉘어진다. '회음(會陰)'이라는 한자는 '모든 음에너지의 집결지', 또는 '복부의 최저 부분에 위치한 에너지의 집결지'를 의미한다. 이것은 또한 '생사의 문'으로도 불리우며, 두 개의 중요한 관문 사이에 위치한다. 그 중의 하나는 성기이며, 이것은 큰 생명력을 받아들이는 구멍이다. 생명 에너지는 이곳을 통해서 쉽게 새어나갈 수 있으며, 성기능을 고갈시킬 수도 있다. 또 하나의 관문은 항문인데, 이 문 또한 잘 막혀 있거나 완전히 닫혀 있지 않으면 쉽게 생명 에너지를 잃게 된다.

2. 항문의 다섯 부분

항문은 다섯 부분으로 나뉜다. ① 중심, ② 앞쪽, ③ 뒤쪽, ④

왼쪽, ⑤ 오른쪽이 곧 그것이다(그림 7-1).

1) 중심

항문 중심의 에너지는 다음의 장기들과 연결되어 있다.

성기 · 자궁, 대동맥 · 대정맥, 위, 심장, 갑상선 · 부갑상선, 뇌하수체, 송과선 · 백회(그림 7-2, 3).

2) 앞쪽

항문 앞쪽의 '에너지'는 다음의 장기들과 연결되어 있다.

전립선, 방광, 작은창자, 위, 흉선, 뇌의 앞부분(그림 7-4).

3) 뒤쪽

항문 뒤쪽의 '에너지'는 다음의 장기들과 연결되어 있다.

천골, 요동맥 하부, 12개의 흉부 척추, 7개의 경부 척추, 소뇌(그림 7-5).

4) 왼쪽

항문 왼쪽의 '에너지'는 다음의 장기들과 연결되어 있다.

왼쪽 난소, 큰창자, 왼쪽 콩팥, 부신, 비장, 왼쪽 허파, 뇌의 왼쪽 부분(그림 7-6, 7).

5) 오른쪽

항문 오른쪽의 에너지는 다음의 장기들과 연결되어 있다.

오른쪽 난소, 큰창자, 오른쪽 콩팥, 부신, 간, 쓸개, 오른쪽 허

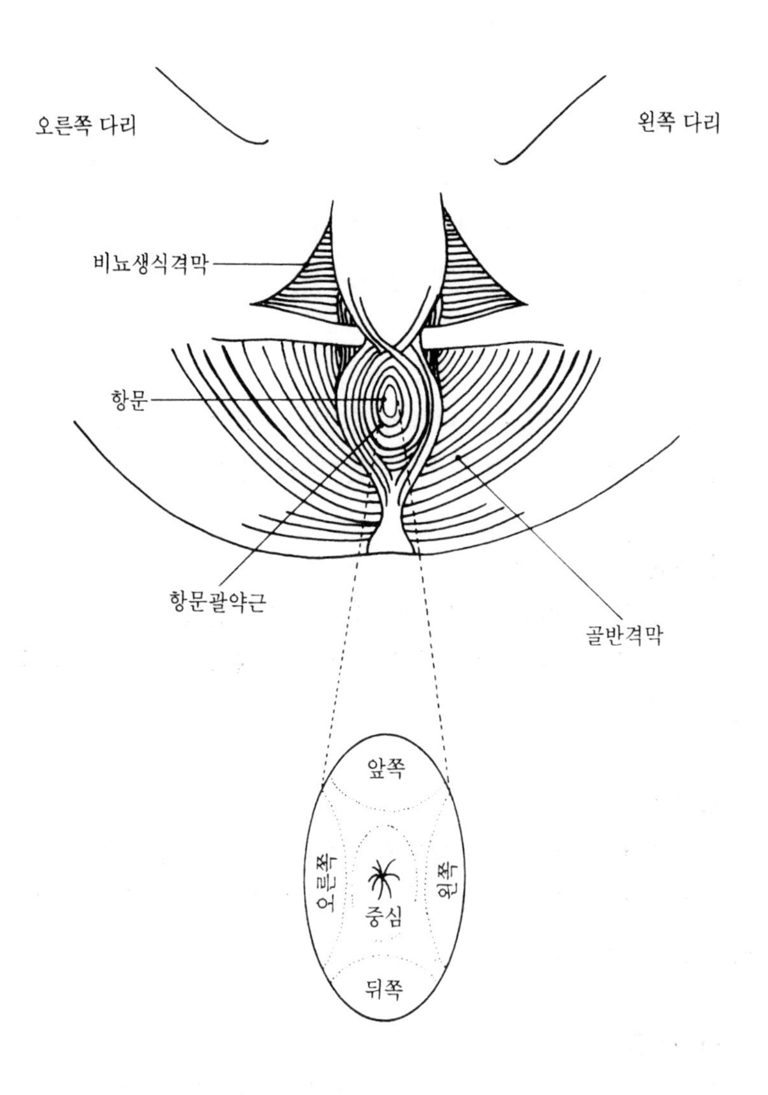

【그림 7-1】 항문은 다섯 부분으로 나뉜다.

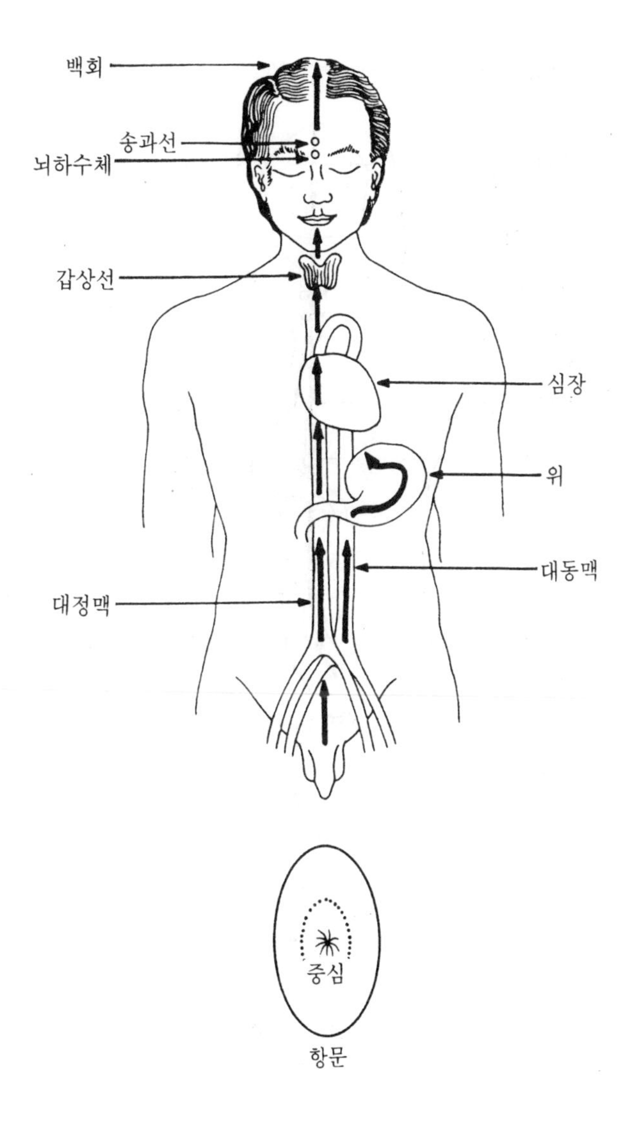

【그림 7-2】 항문의 중심

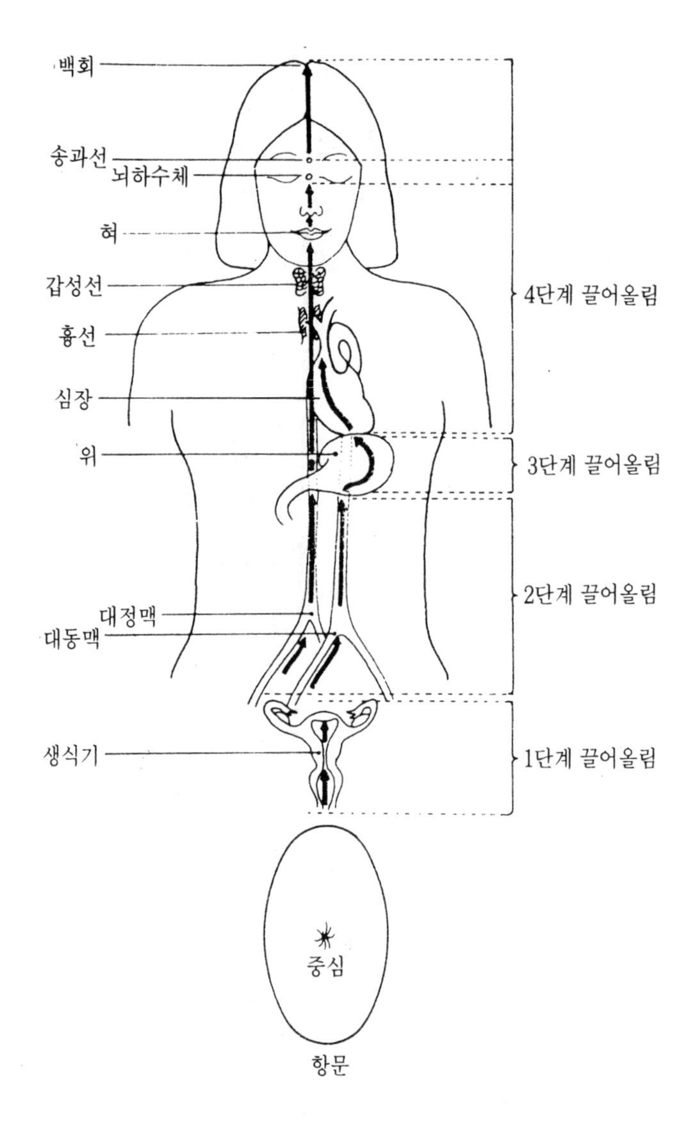
백회
송과선
뇌하수체
혀
갑성선
흉선
심장
위
대정맥
대동맥
생식기
4단계 끌어올림
3단계 끌어올림
2단계 끌어올림
1단계 끌어올림
중심
항문

【그림 7-3】 에너지 상승

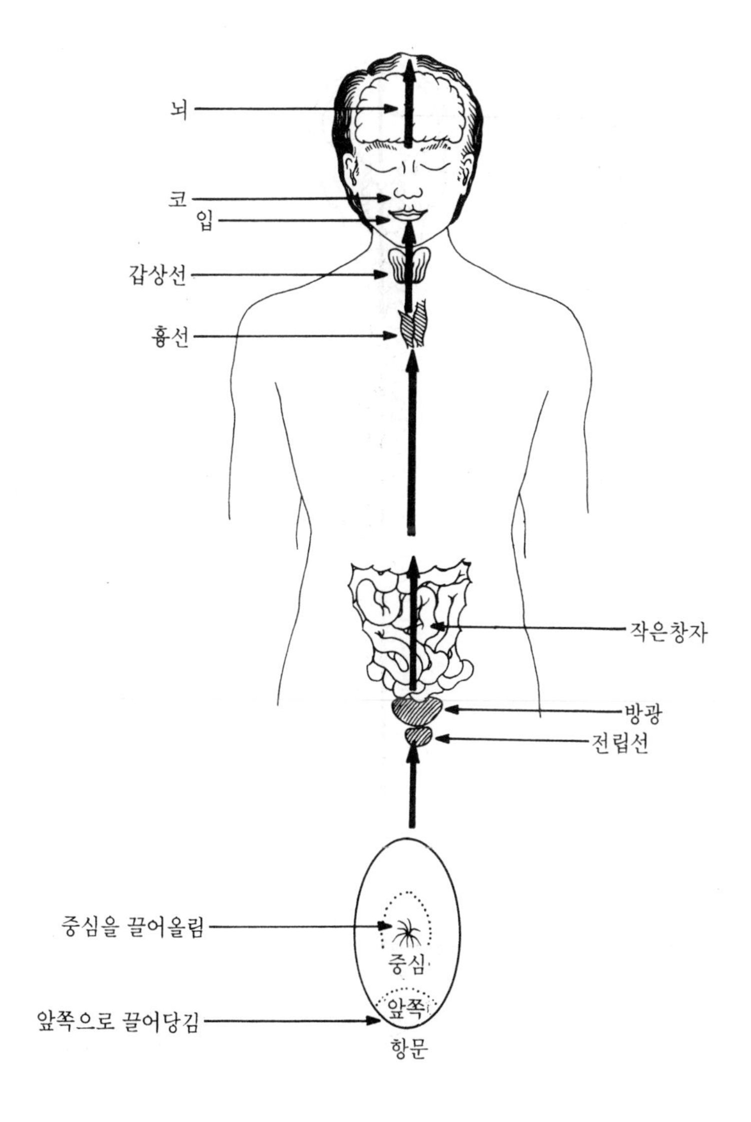

【그림 7-4】 항문의 앞쪽

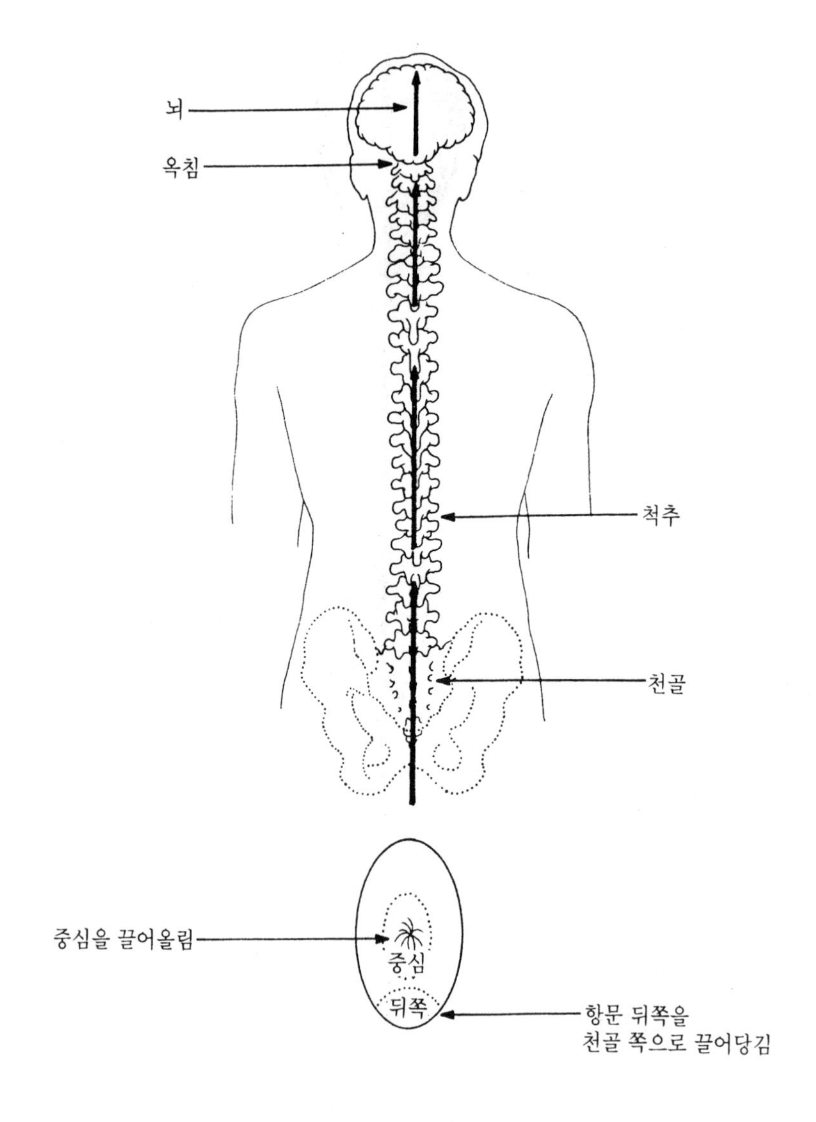

【그림 7-5】 항문의 뒤쪽

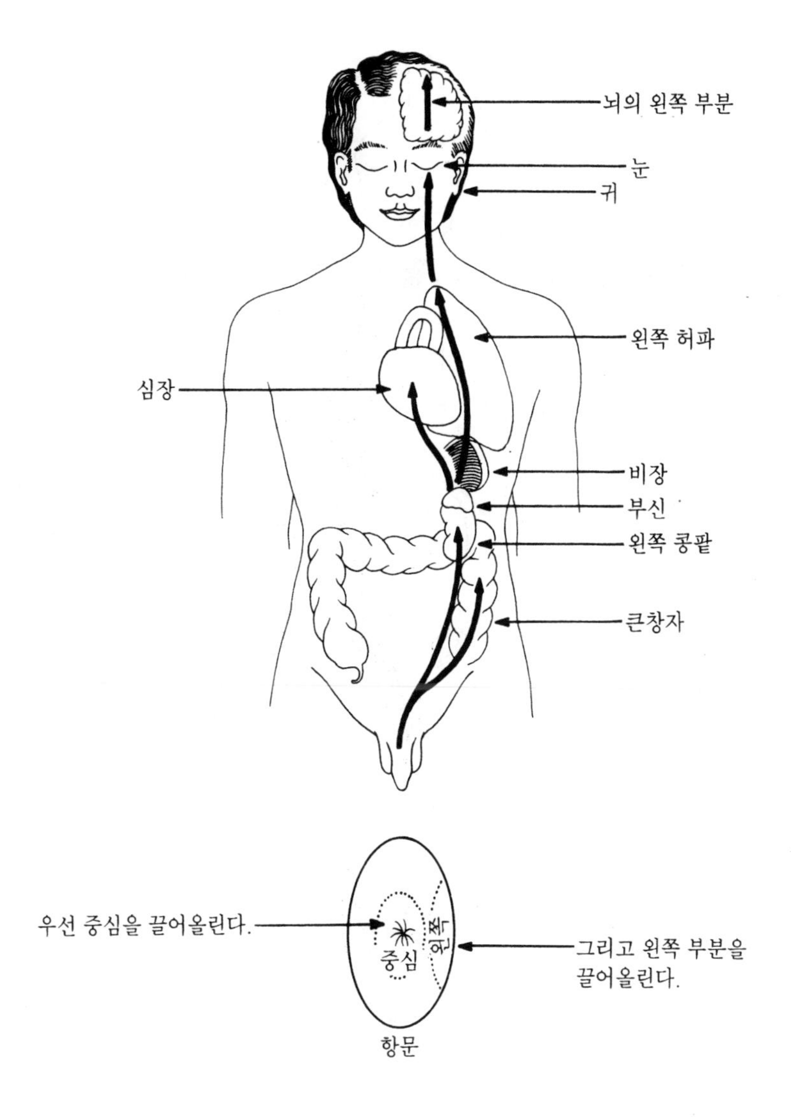

【그림 7-6】 남성의 왼쪽 부분

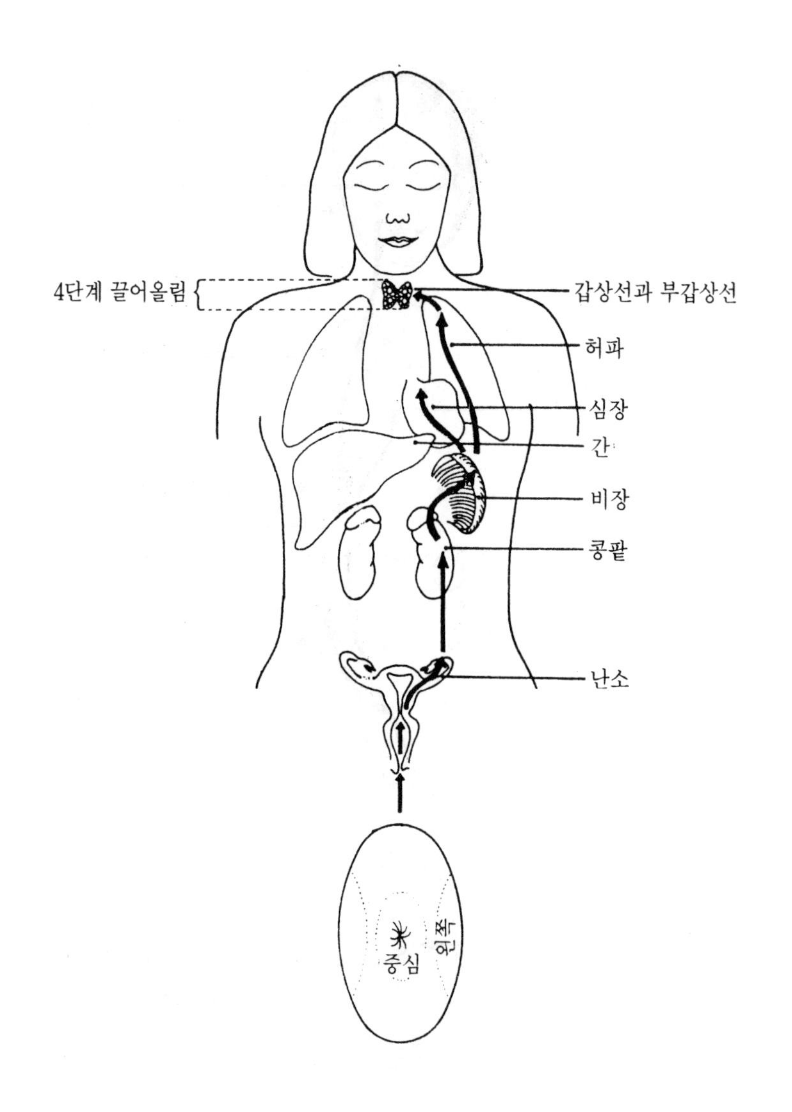

【그림 7-7】 여성의 왼쪽 부분

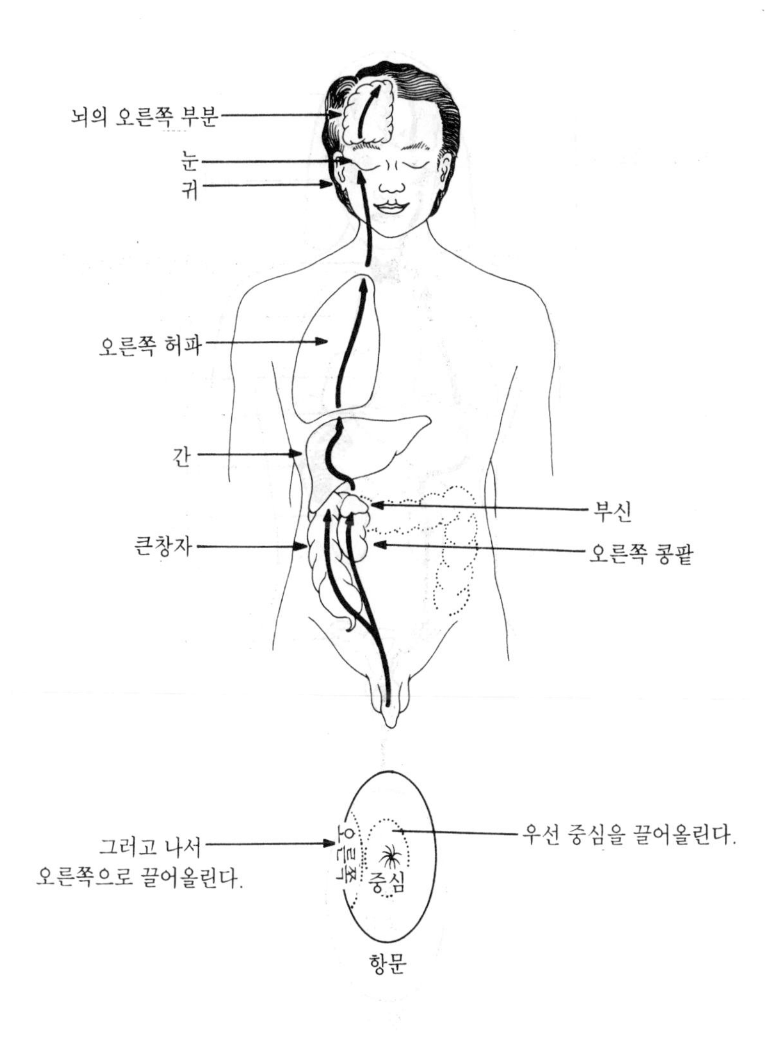

【그림 7-8】 남성의 오른쪽 부분

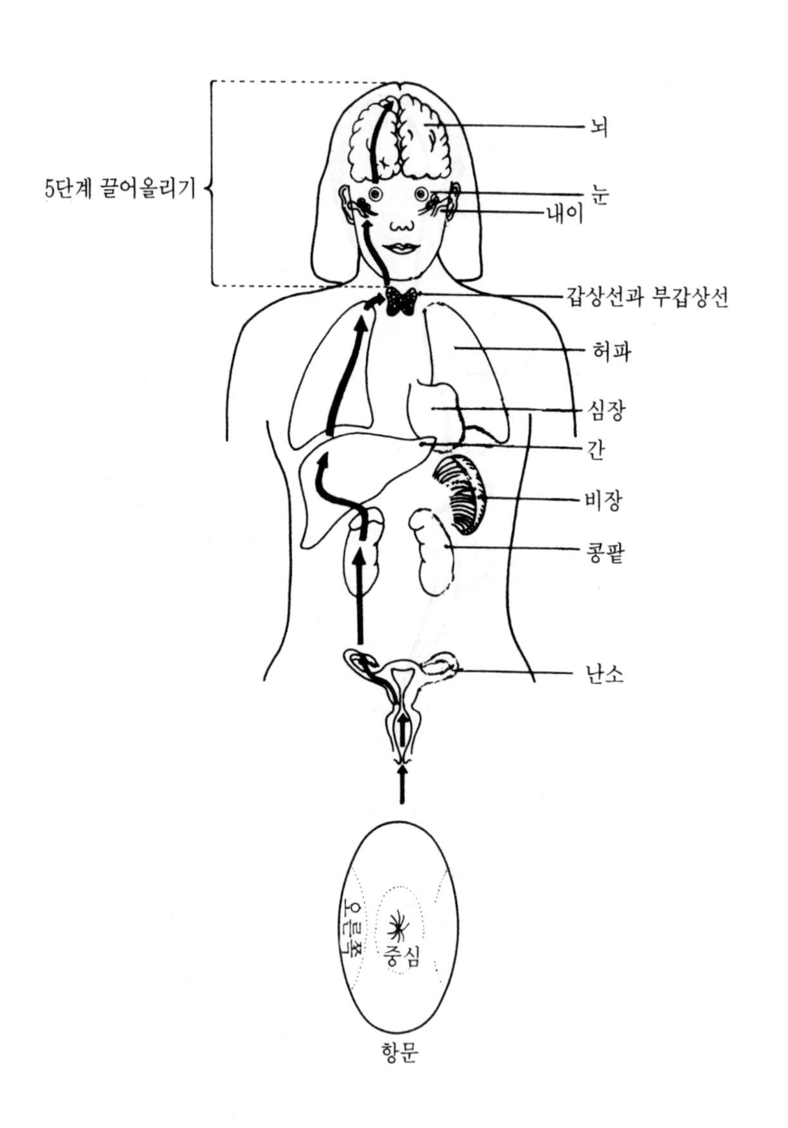

【그림 7-9】 여성의 오른쪽 부분

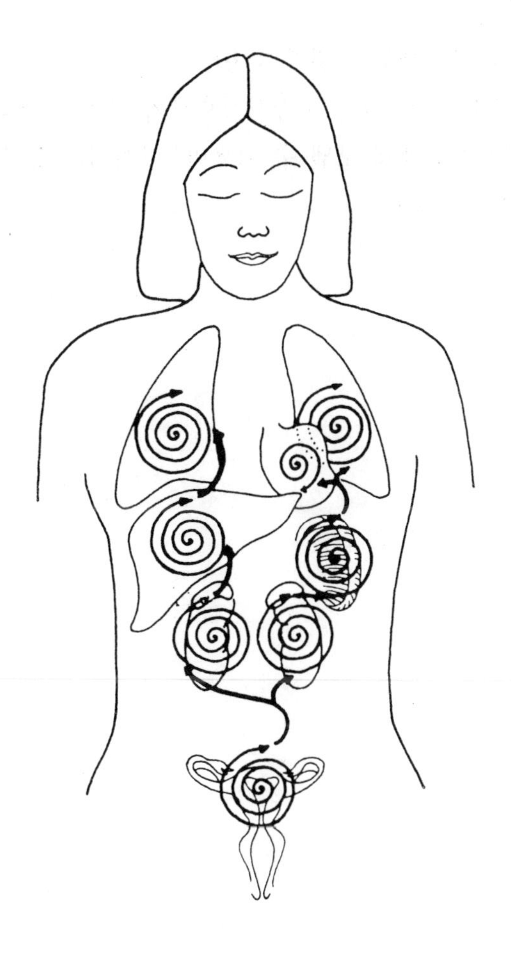

【그림 7-10】 장기를 둘러싼
에너지의 순환과 연결

파, 뇌의 오른쪽 부분(그림 7-8, 9).

항문의 다른 부분들을 수축시킴으로써 더 많은 에너지를 장기들과 호르몬선들에게 보낼 수 있으며, 마사지의 효과는 더욱 증대된다(그림 7-10).

제 8 장 손 마사지

사람의 손과 손가락은 놀라운 능력을 가지고 있는 까닭에 모든 종류의 섬세한 도구들을 만들 수 있다. 그런데 손이 가진 또 하나의 고도의 능력은 질병 치유의 능력이다. 손과 손가락에 분포한 중요한 경락의 위치를 알면 중요한 장기들이 제대로 기능할 수 있도록 자극하고 유지하는 일이 가능해진다.

1. 손바닥

손바닥은 중요한 에너지들이 모두 모이는 곳이다. 손바닥은 생명 에너지를 밖으로 내보냄으로써 다른 사람들을 치유함은 물론 자기 자신을 치유한다.

2. 장심

장심(심낭)은 에너지가 집중되는 중심점이다. 이 지점에 에너지를 모아서 더욱 강력한 기운을 전달할 수 있다(그림 8-1).

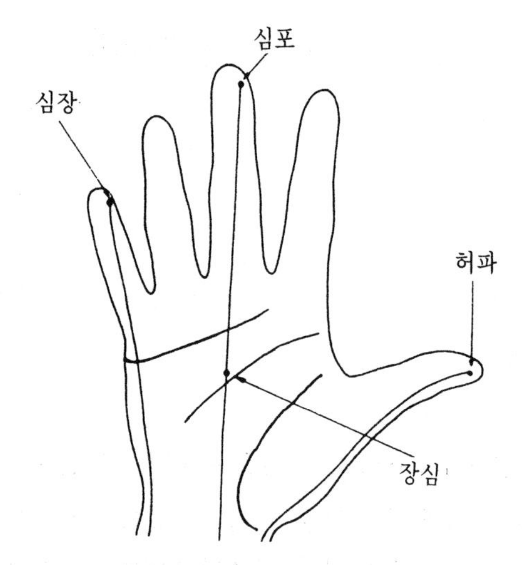

【그림 8-1】 장심(심낭)

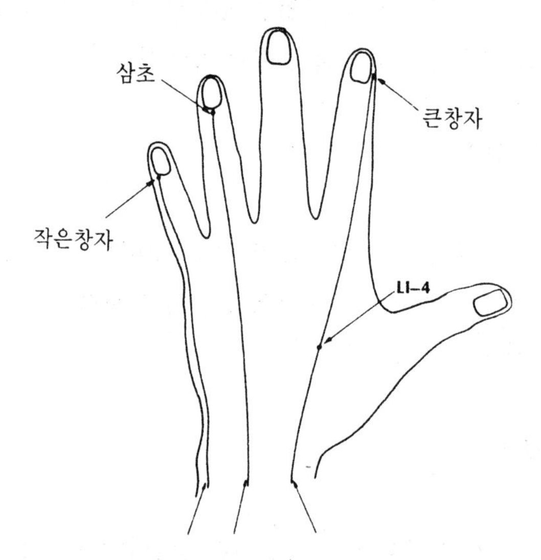

【그림 8-2】 큰창자

3. 큰창자

큰창자는 신체의 모든 통증, 특히 감각 기관들(눈, 귀, 코)의 통증과 두통을 다스리는 중심부이다(그림 8-2).

4. 세 개의 중요한 손금들

손바닥에 있는 중요한 세 개의 손금들은 생명선(生命線)·지성선(知性線) 및 감정선(感情線)이다(그림 8-3).

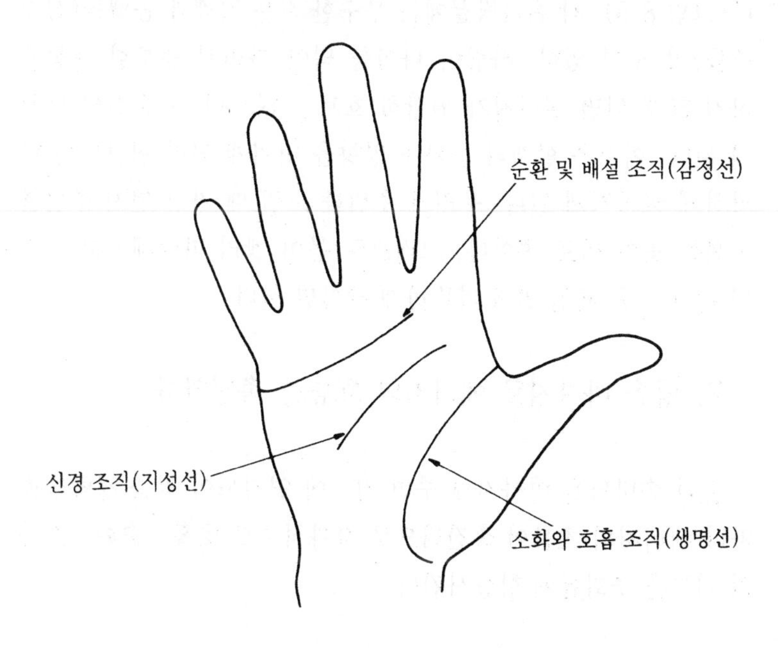

【그림 8-3】 세 개의 중요한 손금들

5. 장기의 기능과 연결된 손가락

손가락은 장기의 기능과 연결되어 있다(그림 8-4). 그리고 손가락뼈의 관절들 또한 장기의 기능과 그에 해당하는 감각 및 감정들과 연결되어 있다.

6. 손가락끝을 단련한다

손가락끝을 단련하면 신체의 장기들을 자극하는 데 도움이 된다(그림 8-5). 각 손가락끝에는 무수한 작은 정맥과 동맥들(실핏줄들)이 모여 있다. 사람이 나이를 먹어 가면서 충분한 운동을 하지 않게 되면 에너지가 원활히 흐르지 않으며 그 순환이 막히게 된다. 이것은 혈액의 순환에 영향을 미치게 되며 혈관들이 딱딱하게 굳어지게 된다. 우리가 추위를 느낄 때 가장 먼저 추위를 느끼는 곳이 바로 손이다. 그러므로 몸이 빨리 따뜻해지고 싶으면 손과 발을 제일 먼저 따뜻하게 해야만 한다.

7. 양손 마사지로 에너지의 흐름을 촉진한다

손과 손바닥을 마사지해 주면 거기에 연결되어 있는 경락들을 따라 에너지의 흐름이 촉진되므로 결과적으로 호흡 · 순환 · 소화의 기능을 조화롭게 향상시킨다.

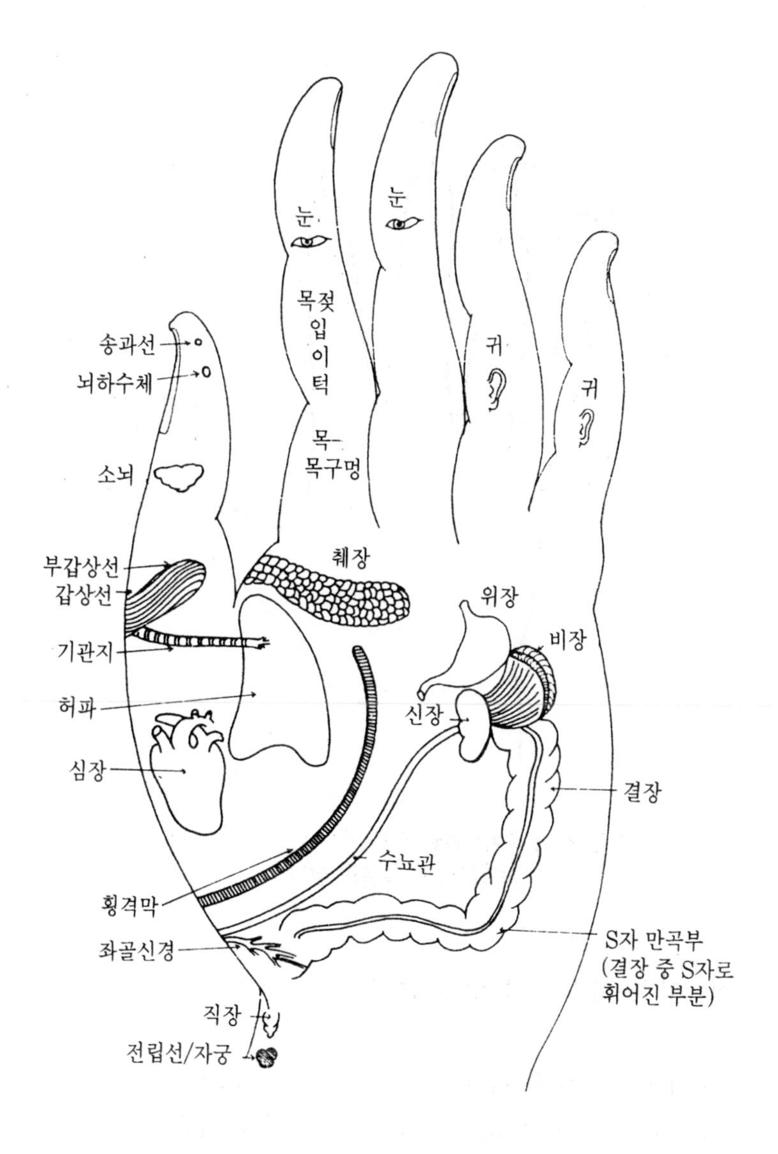

【그림 8-4】 손가락은 장기의 기능과 연결되어 있다.

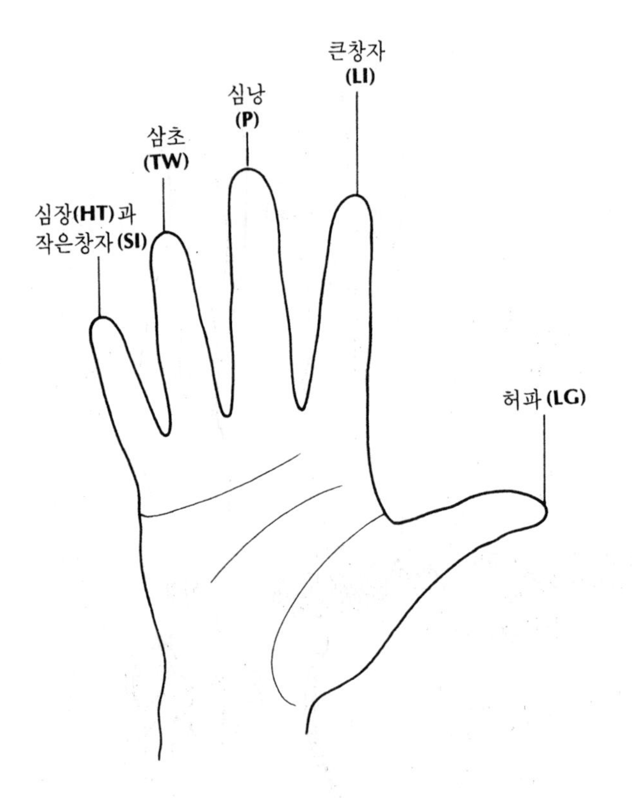

【그림 8-5】 손가락끝을 강화하면 몸 안의 장기들을 자극하는 데 도움이 된다.

8. 양손 마사지의 수련 준비

1) 식후 최소한 한 시간이 지난 다음에 시작한다.

2) 제1부에서 다룬 바 있는 '내면의 미소'와 '치유 육성'을 마친 후 곧 이 수련을 시작하도록 한다. 당신이 만일 '소주천 순환', 또

는 '명상'을 이미 배웠다면 그 수련들을 먼저 실시한 다음 이것을 수련하는 것이 좋다.

3) 의자에 편안한 자세로 앉는다. 이때 두 발이 반드시 바닥에 닿아 있어야만 한다. 허리띠를 풀고, 안경 · 시계 · 신발 등을 벗는다.

4) 일반적인 경우, 각 부분을 6~9번 마사지한다. 문제가 있는 부위는 좀더 많이 문지른다.

5) 침대에서 일어날 수 없는 사람은 그 자리에 그대로 누운 채 수련해도 좋다.

9. 수련의 실제

1) **에너지를 양손으로 끌어올린다**(그림 8-6).

① 천천히 숨을 들이마시면서 항문의 각 부분(중심 · 앞쪽 · 뒤쪽 · 왼쪽 · 오른쪽)을 수축시킨다. 처음에는 이런 구분을 할 수 있을 정도로 민감하지 않겠지만, 나중에는 할 수 있게 된다. 일반적으로 항문의 수축 부분과 연결되어 있는 장기를 마사지하도록 한다. 예를 들면 왼쪽의 허파를 마사지할 때는 항문의 왼쪽을 수축시킨다.

② 숨을 멈추고 수축을 유지한다. 이를 꽉 물고 입천장에 혀를 눌러 붙인다. 동시에 양손을 마주대고 빠른 속도로 문지른다.

③ 숨을 멈추고 항문을 수축시키고 있는 동안 양손을 계속 문지른다. 얼굴이 달아오르는 것을 느낀다. 그러면서 손으로 에너

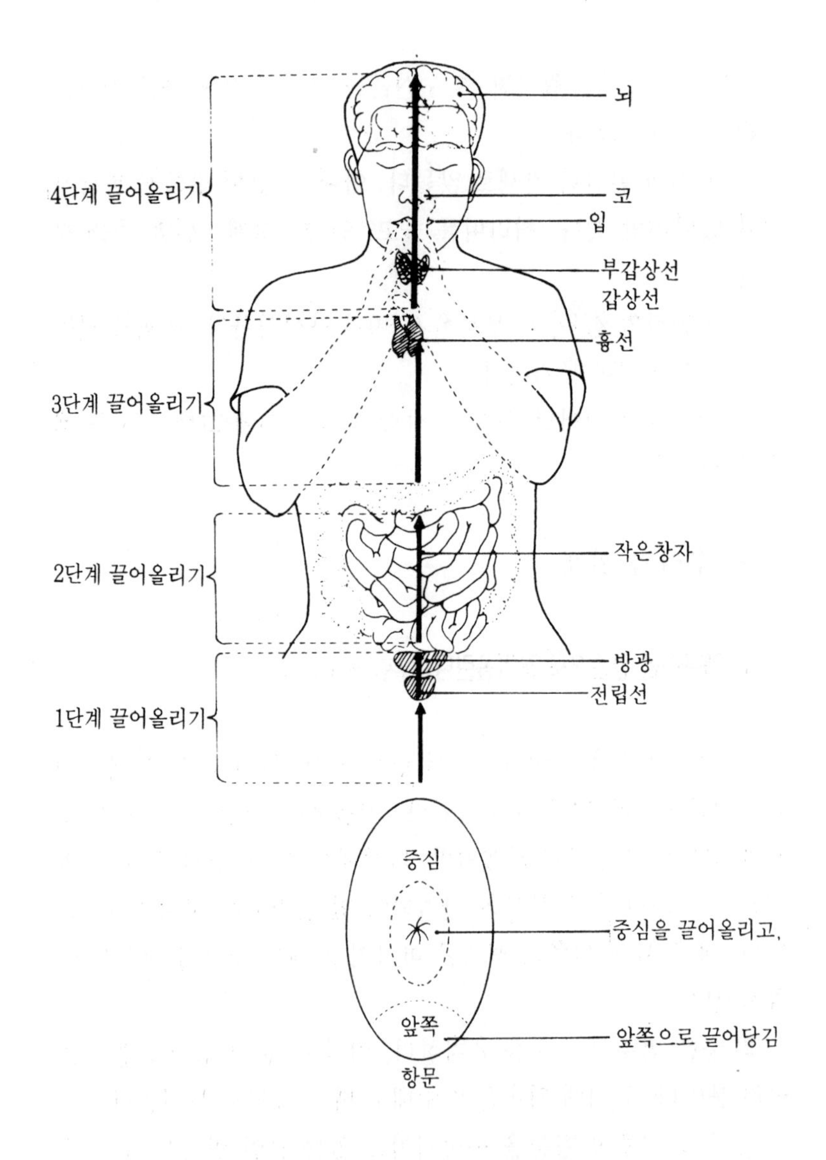

【그림 8-6】 에너지를 양손으로 끌어올린다.

지가 흘러 들어오는 것을 머리 속으로 상상한다.

④ 얼굴과 양손이 뜨거워지면, 주의를 다른 적절한 부위로 돌려서 숨이 가빠질 때까지 그 부위를 마사지한다. 숨을 내쉬고 정상적으로 호흡을 한다. 미소를 지으면서 마사지한 부분을 인식한다. 그 부위가 특별히 따뜻해진 것과 에너지가 흐르고 있음을 느낀다.

⑤ 신체의 각 부위를 마사지하거나 양손이 차가울 때는 이 과정을 전반적으로 반복한다. 마사지를 할 때에 양손은 항상 따뜻하게 되어 있어야 한다. 차가운 손은 마사지를 하는 데 거의 도움이 되지 않는다.

2) 양손 마사지

항상 양손이 따뜻해질 때까지 두 손을 비비는 것으로부터 시작을 한다.

① 장심(掌心)을 마사지한다. 엄지 손가락을 사용하여 장심 부위를 원을 그리면서 눌러 준다. 반주먹을 쥐면, 장심은 가운데 손가락의 끝부분에 위치한다(그림 8-7).

② 합곡(合谷)을 마사지한다. 합곡 주위를 엄지 손가락으로 원을 그리면서 눌러 준다. 검지뼈는 좀더 눌러 준다. 통증이 있는 부위를 찾아서 통증이 없어질 때까지 눌러 준다(그림 8-8).

③ 세 개의 중요한 손금을 마사지한다. 손금을 따라 마사지할 때는 엄지손가락을 사용한다. 엄지뼈를 향해서 그 뼈를 따라 좀더 마사지하도록 한다. 내부에 많은 감정들이 복합적으로 복받쳐 있을 때는 아픈 부위를 찾아내어 그 부위를 좀더 열심히 눌러 준

다(그림 8-9).

④ 손등을 마사지한다. 손등의 뼈들을 따라 마사지할 때는 네 개의 엄지 손가락을 활용한다. 아픈 부위를 찾아내어 그 부위를 좀더 세밀히 눌러서 풀도록 한다(그림 8-10).

⑤ 손가락을 마사지한다. 그 전에 양손이 따뜻하도록 잘 비벼 주도록 한다. 우선 오른손의 엄지와 검지로 왼손의 엄지를 감싼다. 그러고 나서 차례로 각각의 손가락을 누르고 있다가 놓아 준다(그림 8-11). 3~6번 반복한다.

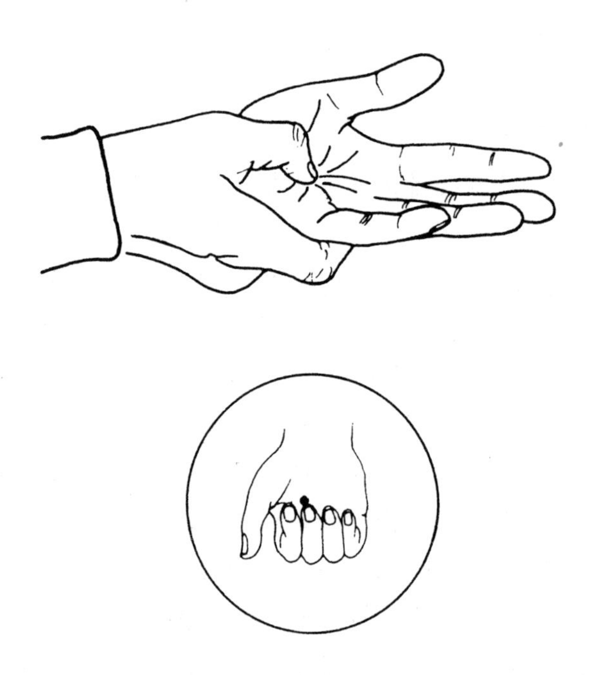

【그림 8-7】 장심을 마사지한다.

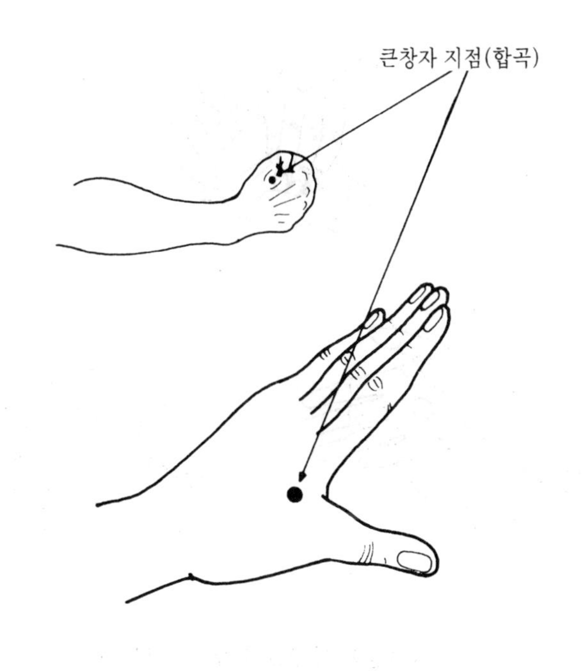

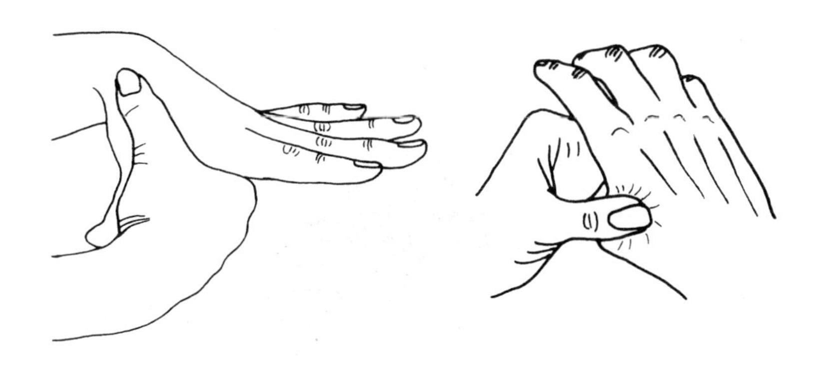

【그림 8-8】 합곡을 마사지한다.

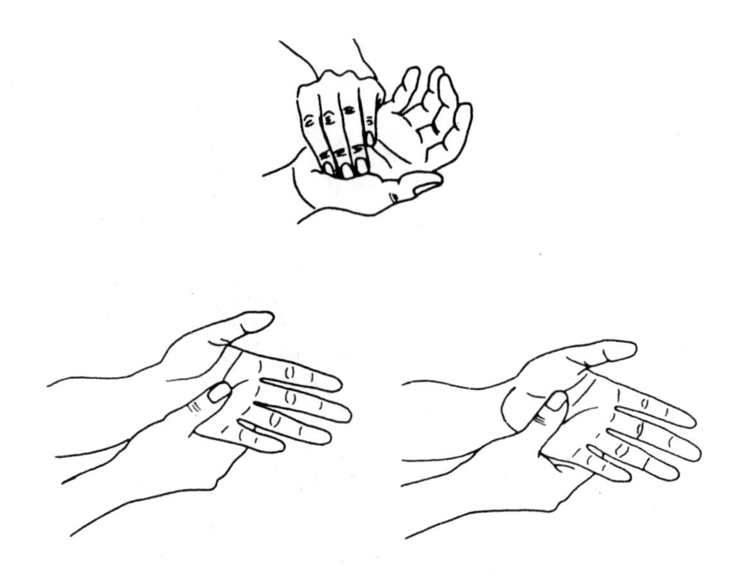

【그림 8-9】 중요한 세 손금 마사지

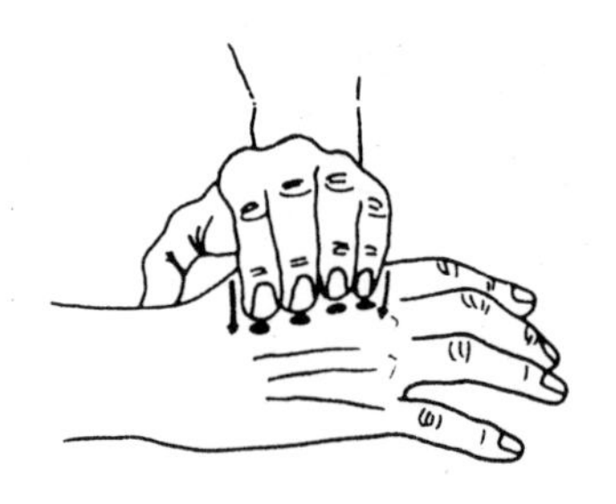

【그림 8-10】 손등을 마사지한다.

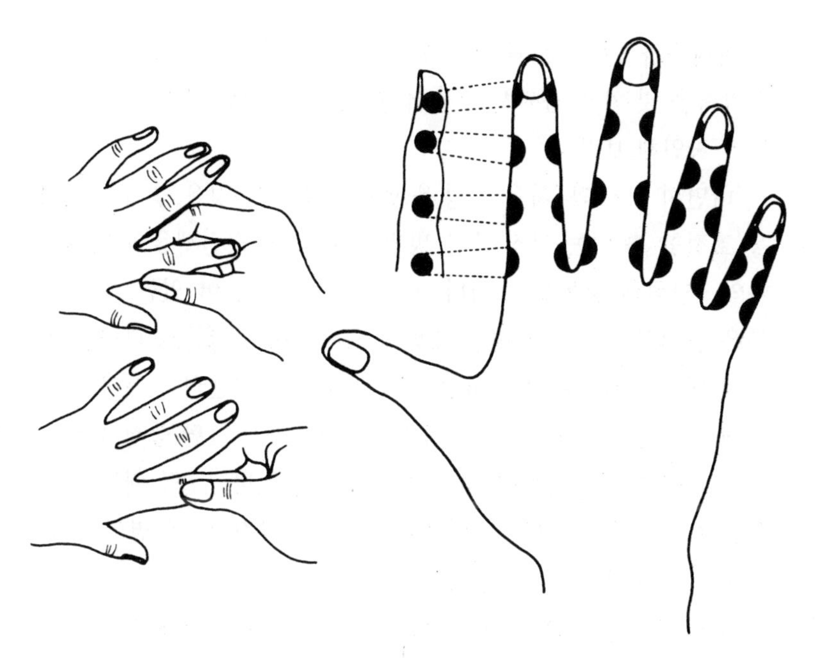

【그림 8-11】 손가락을 마사지한다.

왼손부터 시작하여 오른손의 손가락들도 압점들을 하나 하나 눌러 주도록 한다. 이렇게 함으로써 감정을 조절하는 데 있어서 큰 도움이 된다.

놀랐거나 두려움을 느낄 때는 새끼손가락을 감싸고 주물러 주는 것이 좋다. 왼쪽과 오른쪽을 모두 행한다. 이것은 당신이 어려운 상황에 처했을 때, 즉 많은 사람들 앞에서 말을 해야 할 경우, 인터뷰를 해야 할 경우, 또는 중요한 사람을 만나야 할 경우에 큰 도움이 된다. '심장과 콩팥의 소리'를 이 손가락 마사지와 함께 수련하는 것도 도움이 된다.

네째손가락은 분노를 제어해 준다. 당신이 화가 나려고 할 때, 손가락을 몇 차례 감싸서 주물러 준 다음, 그래도 여전히 화가 나는지 확인해 보라.

'내면의 미소'와 '치유 육성'을 매일 수련하는 것은 부정적 감정을 조절할 수 있는 가장 좋은 방법이다. 많은 수련생들이 담배 · 마약 · 알콜에 중독되어 있다. 이런 물질들에 들어 있는 유독 성분은 신체의 장기들과 신경 계통에 침투하여 사람들로 하여금 지나친 행동을 하도록 자극하고, 단기적으로는 그들의 기분을 황홀하게 만든다. 그러나 그 효과가 없어지면, 즉시 금단 증상을 느끼기 시작하면서 감정적이 되고 신경질적이 된다. 그럴 때는 손가락들을 감싸쥔 다음(특히 네째손가락을 감싸쥐고) '내면의 미소'와 함께 '소주천 수련'을 한다. 그러면 곧 진정된다.

많은 사람들이 약물이나 담배, 또는 술을 끊기 위해 이 방법을 활용한다. 비전 도교 기공의 수련법은 신체 내에 축적되어 있는 유독 성분들을 체외로 몰아내고 나쁜 습관들을 제거할 수 있는 힘과 능력을 제공한다.

10. 감정 · 오행 · 내장과 직결된 손가락들

1) 엄지손가락은 오행 중 토(土 ; 흙)와 부합하며, 위장과 연결되어 있다. 관련된 감정은 걱정이다.

2) 검지손가락은 오행 중 금(金 ; 쇠)과 부합하며, 허파 · 대장과 연결되어 있다. 관련된 감정은 슬픔 · 비통 · 의기소침 등이다.

3) 가운데손가락은 오행의 화(火;불)와 부합하며, 심장 · 작은

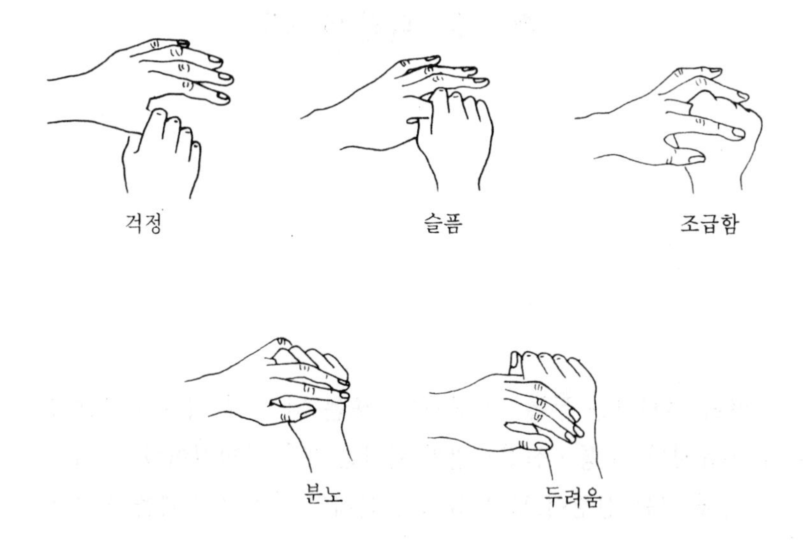

【그림 8-12】 각각의 손가락은 감정과 직결되어 있다.

창자 · 순환기 계통 · 호흡기 계통과 연결되어 있다. 관련된 감정은 조바심 · 성급함 등이다.

4) 네째손가락은 목(木 ; 나무)과 부합하며, 간 · 쓸개 · 신경 계통과 연결되어 있다. 관련된 감정은 분노이다.

5) 새끼손가락은 수(水 ; 물)와 부합하며, 신장과 연결되어 있다. 관련된 감정은 두려움이다(그림 8-12).

제 9 장 머리 마사지

머리 마사지는 두통 · 신경과민, 또는 뇌 속의 에너지 불균형에 유효하다. 두통 · 신경과민의 원인은 매우 복합적이다. 머리는 그 속에 모든 신경이 모여 있으며 신체의 여러 시스템을 총망라하는 중앙 통제 센터이다.

오늘날 많은 젊은이들이 매우 신경질적인 반응을 나타낸다. 이 신경과민은 불면증 · 식욕부진 · 정상보다 빠른 심장 박동 · 호흡 곤란 · 피로 · 게으름 등을 초래한다. 이러한 모든 것들은 병의 증상으로 보이지 않는다. 그러나 일상생활에 커다란 영향을 미치게 되며, 경우에 따라서는 정신질환으로 간주되기도 한다.

머리 마사지는 신경계통을 강화해 준다. 마사지를 하는 동안 혀를 입천장에 붙이고 눈을 왼쪽에서 오른쪽으로 이동시키면, 에너지의 자극이 왼쪽에서 오른쪽으로 이동하는 것을 느끼게 된다. 이것이 뇌의 오른쪽과 왼쪽 영역의 균형을 잡아 주는 역할을 하게 되며 결과적으로 내분비선을 비롯한 모든 감각들, 그리고 장기를 강화시켜 주게 된다.

머리 마사지는 혈액 순환을 증가시키고 두피와 두발에 대한 영양 공급을 촉진시킨다. 나의 수련생들 가운데는 하얗던 머리가 검게 변하고 많이 빠졌던 머리가 다시 자라는 바람에 젊어진 사람들도 있다. 머리칼 역시 더 부드럽게 자란다.

아침에 일어나서, 그리고 저녁에 자기 전에 머리를 최소한 25~30번 빗도록 하라. 두피를 할퀴지 않도록 하여 상처를 내거나 통증을 느끼게 되는 것을 피하라.

1. 머리

1) 백회(百會)

이 점은 머리 꼭대기의 중앙에 위치해 있다. 갓난아기의 경우 머리 꼭대기를 보면 가볍게 함몰된 부분이 있다. 이곳이 곧 백회이며, 신체의 에너지들이 통과하는 백 개의 경락이 집약된 지점이다(그림 9-1).

이 지점을 양손의 가운데손가락으로 마사지한다. 이렇게 함으로써 머리에 너무 낮은 에너지가 모여서 발생하는 어지럼증이나 두통을 경감시킬 수가 있다. 또한 고혈압을 낮추어 주며 신경계통도 자극시켜 준다.

2) 에너지를 양손과 얼굴로 끌어올린다

천천히 숨을 들이쉬고, 성기 · 엉덩이와 항문 중심을 수축시킨다. 손바닥을 비비고, 이를 꽉 물고, 혀는 입천장에 붙인다. 얼굴 · 머리 · 양손이 뜨거워지면 정상 호흡을 하면서 마사지를 시작한다.

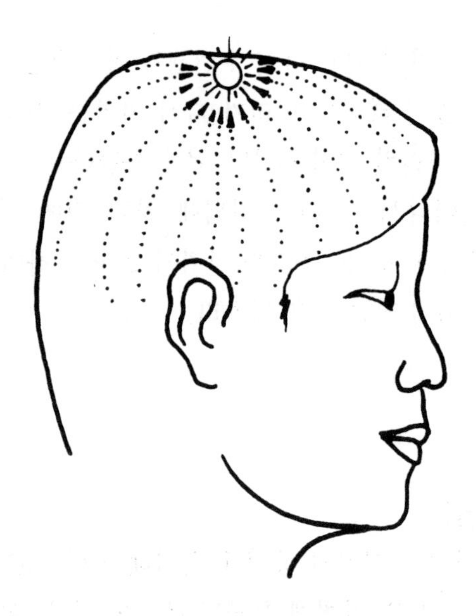

【그림 9-1】 백회는 백 개의 경락이 집약된 지점이다.

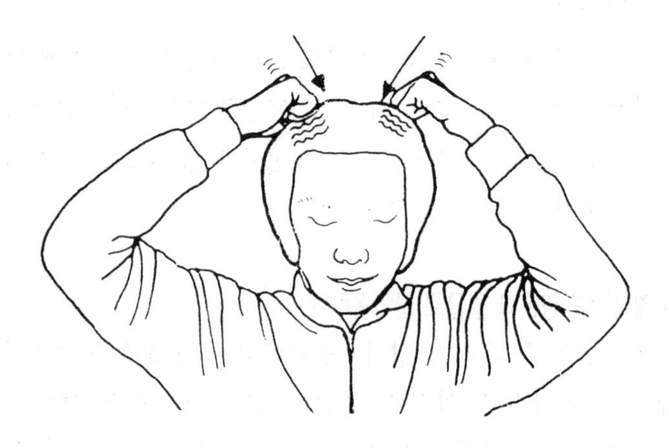

【그림 9-2】 머리 두드리기

3) 머리를 두드려 준다

주먹을 쥐고 군밤을 주듯이 머리를 두드려 준다. 머리 전체를 돌아가면서 두드린다(그림 9-2). 이렇게 머리를 가볍게 두드리는 것은 머리를 맑게 하고, 고집을 제거하며, 보다 생각을 예리하게 한다. 나의 많은 수련생들이 이 방법을 활용하여 급속히 발달된 기술 문명 속에서 느끼는 압박감과 강박 관념을 제거하고 있다.

학과의 진도를 항상 맞추어야 하는 엄청난 스트레스 속에 놓여 있는 대학원생들의 경우에는 이 방법이 더욱 절실하게 요구된다. 그들은 스트레스가 머리 속에 너무 많이 쌓여서 올바르게 생각할 수 없는 상태이다. 그들은 자신들을 둘러싸고 있는 사회의 모든 것들이 점점 더 압박을 가해 오는 것처럼 느끼고, 걱정하고, 겁내고, 슬픔에 잠기는 등 많은 복합된 감정에 빠져 있다. 그러므로 매년 많은 학생들이 자살을 한다. 간단한 머리 두드리기는 머리에 쌓여 있는 압박감과 스트레스를 효과적으로 해소한다.

4. 숨을 멈춤으로써 에너지의 흐름을 증진시킨다

숨을 멈추고 있으면 얼굴 부위로 더 많은 에너지가 흘러 들어오게 된다. 머리에는 많은 경락들이 있으며, 특히 백회혈은 모든 경락의 중심이다.

5. 두피를 마사지한다

준비 단계로서 손과 머리, 그리고 두피를 따뜻이 한다. 양손을 빗처럼 하여 세게 누르면서 천천히 움직인다. 머리 앞쪽에서부터

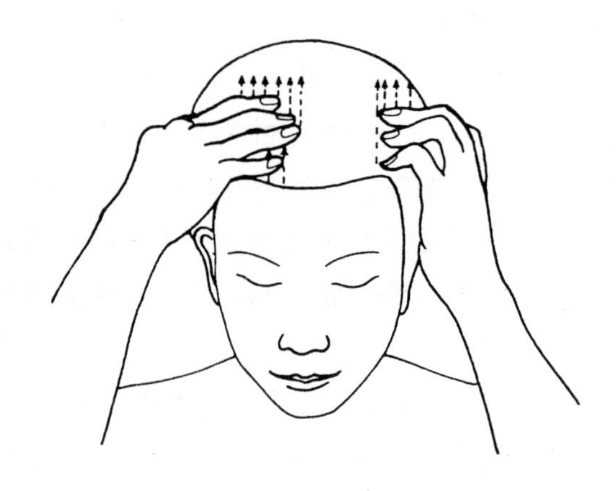

【그림 9-3】 두피 마사지

뒷머리 끝부분까지 곧장 눌러 나가면서 두피를 마사지한다(그림 9-3).

이렇게 하면서 머리 속으로는 에너지를 뒷머리에서 발끝까지 내려보낸다. 6~9번 반복한다. 만일 통증이 느껴지는 부위가 있으면 통증이 사라질 때까지 그 부위를 좀더 눌러 주도록 한다.

6. 목덜미(두개골의 끝부분)

양쪽 엄지손가락을 사용하여 더 이상 통증을 느끼지 않게 될 때까지 풍지혈(風池穴)을 잘 눌러 준 다음(그림 9-4), 두개골의 끝부분으로부터 아래쪽으로 내려가면서 양쪽을 잘 눌러 준다(그림 9-5). 이것은 두통과 눈의 통증을 풀어 주며 시력을 좋게 한다.

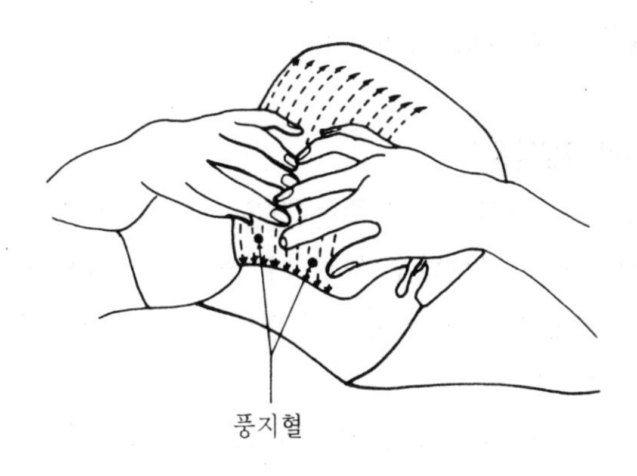

【그림 9-4】 목덜미 : 두개골의 끝부분

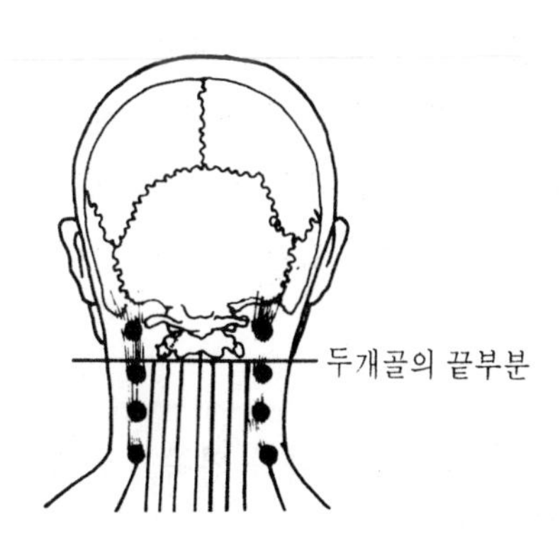

【그림 9-5】 목덜미 뒷부분을 엄지손가락을 이용하여 양쪽으로 잘 눌러 준다.

2. 얼굴(그림 9-6, 7, 8, 9)

1) 자연적 아름다움

얼굴에 기공 마사지를 해주는 것은 그 어떤 비싼 크림이나 화장품을 사용하는 것보다도 훨씬 더 효과적인 미용 방식이다(그림 9-10). 얼굴의 피부는 환하게 빛나고, 주근깨나 주름살도 점점 없어지게 된다.

얼굴에는 많은 경락들이 지나가거나 머물러 있다. 이 경락들이 막히면 에너지의 흐름과 순환이 줄어들게 된다. 얼굴은 다른 사람들의 마음 속에 자리 잡는 첫인상을 좌우한다.

2) 에너지를 얼굴로 끌어올린다

숨을 들이쉬고, 성기와 항문의 중심과 앞쪽을 수축시켜라. 숨을 멈추고, 양손을 문지르면서 이를 꽉 다물고 혀를 입천장에 붙여라. 얼굴이 뜨거워지면, 양손으로 에너지가 얼굴에 흘러드는 것을 상상하라. 양손이 아주 따뜻해지면, 주의를 얼굴로 돌려서 얼굴이 뜨거워질 때까지 숨을 멈추고 있어라.

3) 이마

손을 바꾸어 가면서 이마를 양쪽으로 문질러 준다(그림 9-7). 6~9번 반복한다.

4) 얼굴 중앙

눈썹으로부터 코끝까지의 얼굴 중앙 부분을 문질러 준다.

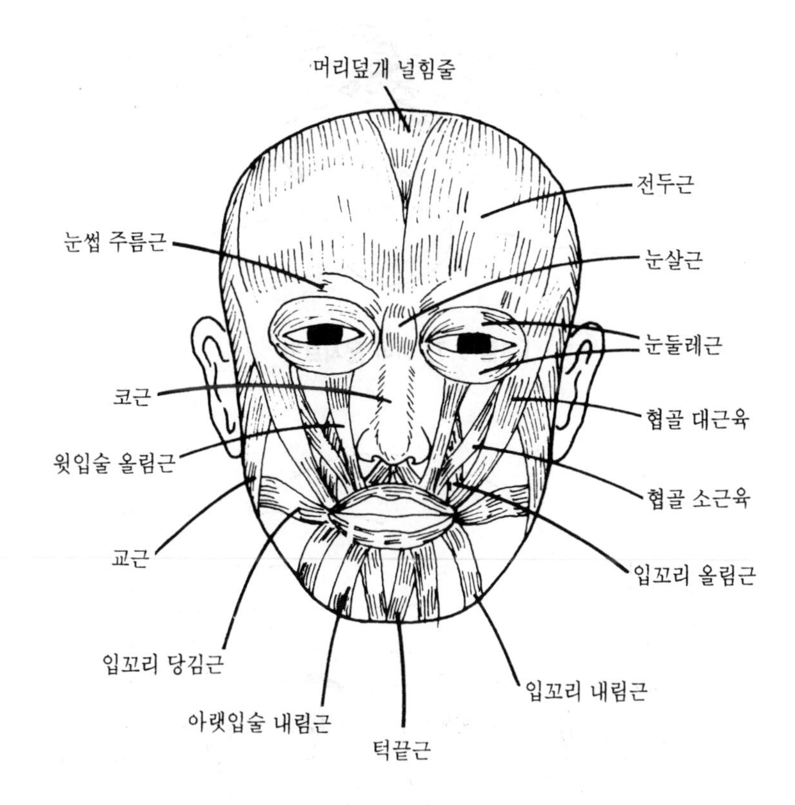
머리덮개 널힘줄
전두근
눈썹 주름근
눈살근
눈둘레근
코근
협골 대근육
윗입술 올림근
협골 소근육
교근
입꼬리 올림근
입꼬리 당김근
입꼬리 내림근
아랫입술 내림근
턱끝근

【그림 9-6】 얼굴의 근육들

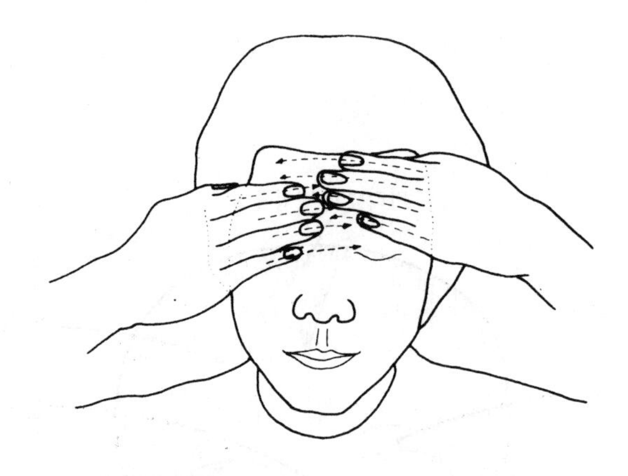

【그림 9-7】 이마 문지르기

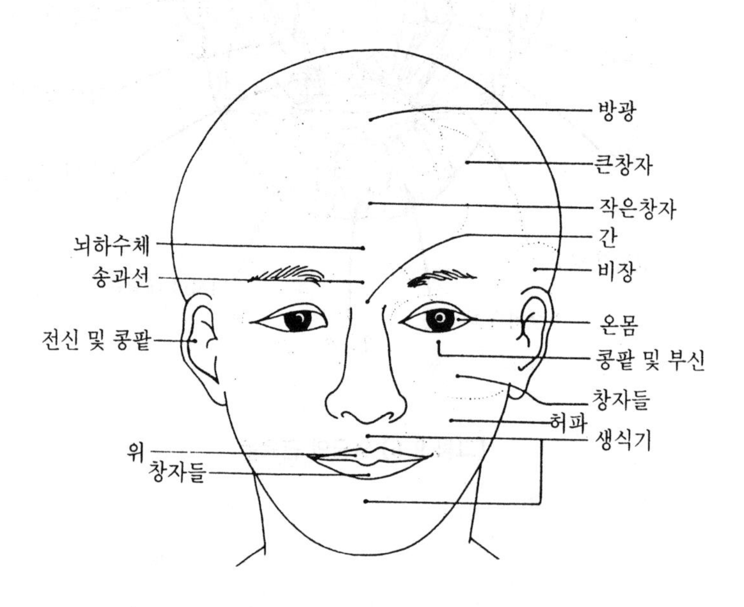

【그림 9-8】 얼굴 부위와 해당 장기들의 연관도

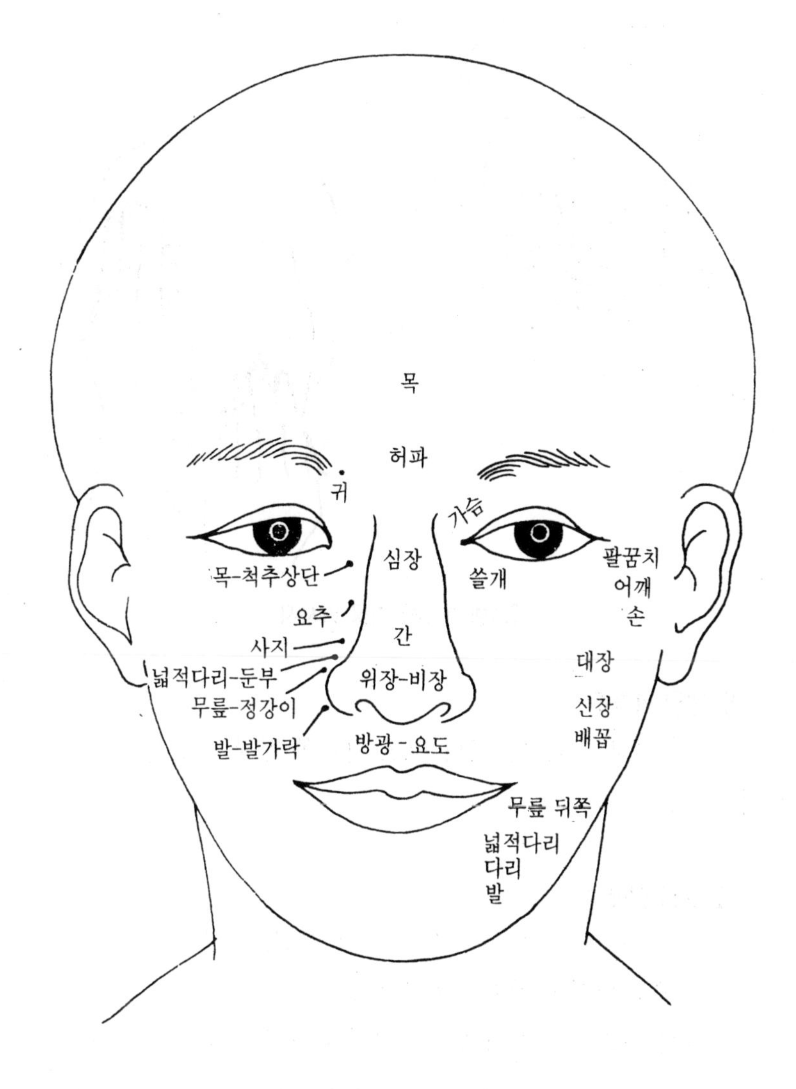
목
허파
귀
가슴
심장
목-척추상단
쓸개
팔꿈치
어깨
손
요추
간
사지
넓적다리-둔부
위장-비장
대장
무릎-정강이
신장
배꼽
발-발가락
방광 - 요도
무릎 뒤쪽
넓적다리
다리
발

【그림 9-9】 머리와 얼굴

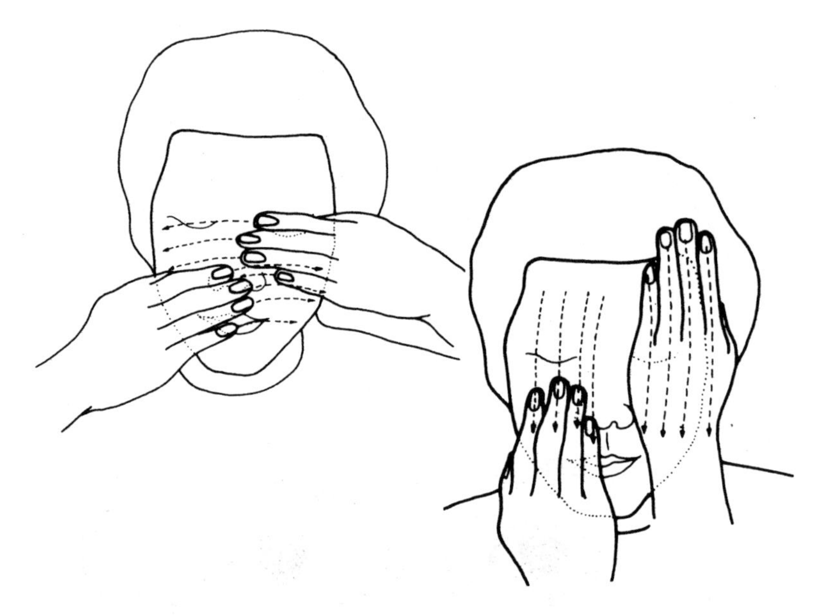

【그림 9-10】 기공 마사지

5) 얼굴 아래쪽

코밑으로부터 턱끝까지의 얼굴 아래쪽 부분을 반복하여 문질러 준다.

6) 얼굴 전체

양손에 에너지를 모은 다음 숨을 들이쉬고, 얼굴 전체를 손바닥으로 덮고 마사지한다(그림 9-11).

주름살들을 없애기 위해서는 얼굴 근육을 위로 밀어올리는 동작을 거듭한다. 숨을 내쉬고 나서 얼굴의 긴장을 푼다. 휴식을 취하면서 얼굴을 향해 미소를 보낸다. 얼굴이 뜨거워져서 따금따끔

【그림 9-11】 얼굴 전체를 마사지한다.

하게 느껴질 때까지 반복한다.

7) 이마 중간

검지손가락의 두번째 마디를 사용하여 이마와 눈썹 부분을 마사지한다(그림 9-12).

3. 관자놀이

관자놀이 역시 검지손가락의 두번째 마디를 사용하여 원을 그리면서 문질러 준다. 처음에는 시계 방향으로 문질러 주고, 다음에는 반대 방향으로 문질러 준다(그림 9-13).

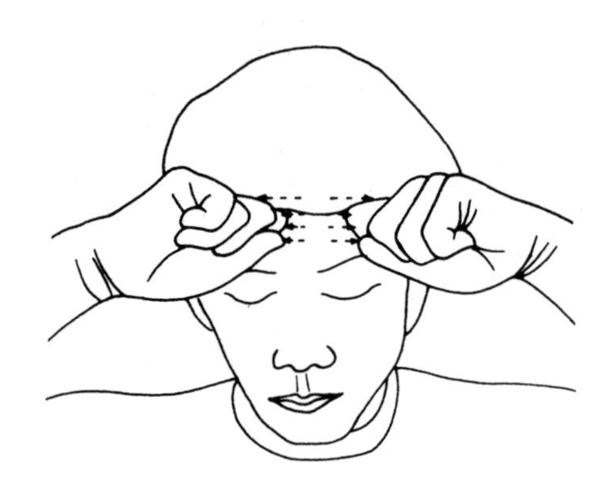

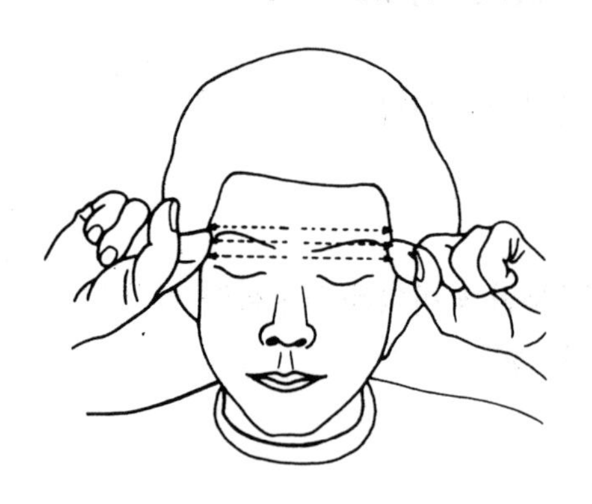

【그림 9-12】 이마와 눈썹 부분을 마사지한다.

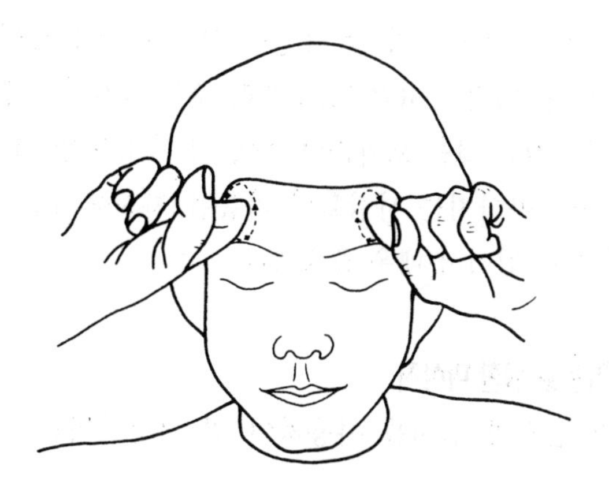

【그림 9-13】 관자놀이의 마사지

이 운동은 머리 앞부분과 관자놀이의 통증을 완화시켜 준다. 통증이 느껴지는 부분이 있으면 통증이 사라질 때까지 그 부위를 계속해서 문지르도록 한다.

4. 입

우울증은 입의 가장자리를 밑으로 처지게 만든다. 사람이 명랑해 보이거나 밝아 보이거나 보다 매력적으로 보이거나 행복해 보이는 것은 주로 눈과 입의 모양에 달려 있다. 스트레스나 우울증, 또는 슬픔으로 인해 입의 근육이 이완되어 있을 때는 입 가장자리가 밑으로 처지고 몸속의 생명 에너지 또한 억압되어 위축된다. 그러나 사람들은 아무도 슬프고 우울한 얼굴을 보고 싶어 하지 않는다.

체내의 에너지 흐름과 얼굴 표정은 그 사람에게 있어서 매력의 원천이 된다. 입의 근육을 위로 올려 주는 마사지는 입의 가장자리를 들어올리는 것을 도와준다. 내면의 미소와 입 가장자리를 들어올려 주는 마사지는 사람들의 마음을 자신에게로 끌어당기는 힘을 쌓는 데 있어서 매우 중요하다.

1) 입의 미용을 위한 마사지

오른손의 엄지와 검지를 사용하여 입 가장자리를 만지면서,

【그림 9-14】 입의 미용을 위한 마사지

두 손가락으로부터 입 가장자리로 전해지는 에너지의 흐름을 느껴 보도록 한다.

천천히 누르면서 위로 약 2.5cm 정도 밀어 올린다. 힘을 빼고 나서 다시 입 가장자리를 누르면서 올려 주기를 매일 10~20번 정도 반복한다(그림 9-14).

5. 눈

눈은 모든 것을 나타낸다(그림 9-15). 비전 도교 기공에서는 눈을 모든 신체 내의 에너지 흐름을 안내하는 양(陽)의 기운으로 간주한다. 눈은 개인의 인간성에 대해 지대한 영향을 미친다.

어떤 사람들은 태어날 때부터 흰자위가 많은 눈을 가지고 있다(눈 전체의 3/4 이상이 흰자위인 경우). 사람들은 이런 눈을 가리켜 '도둑의 눈', 또는 '위험스럽고 공격적인 눈'이라고 말한다. 이러한 눈은 의심스러운 눈초리나 불행을 예고하는 눈이 될 수도 있다. 그러나 눈의 수련을 통해서 눈에 있는 흰자위의 비중을 서서히 교정할 수 있다.

눈은 모든 신경 조직들과 연결되어 있으므로 매우 중요하다. 또한 모든 신체의 건강 여부를 드러낸다. 눈을 들여다보면 어떤 장기가 약한지, 또는 감염되어 있는지 알 수 있다. 그러므로 눈을 마사지해 줌으로써 중요한 장기들에 쌓인 스트레스를 제거할 수 있다.

오늘날 사람들은 과거보다 훨씬 더 많이 눈을 혹사하고 있다. 독서 · TV 시청 · 컴퓨터 작업 · 전자 제품이나 현미경의 사용 등

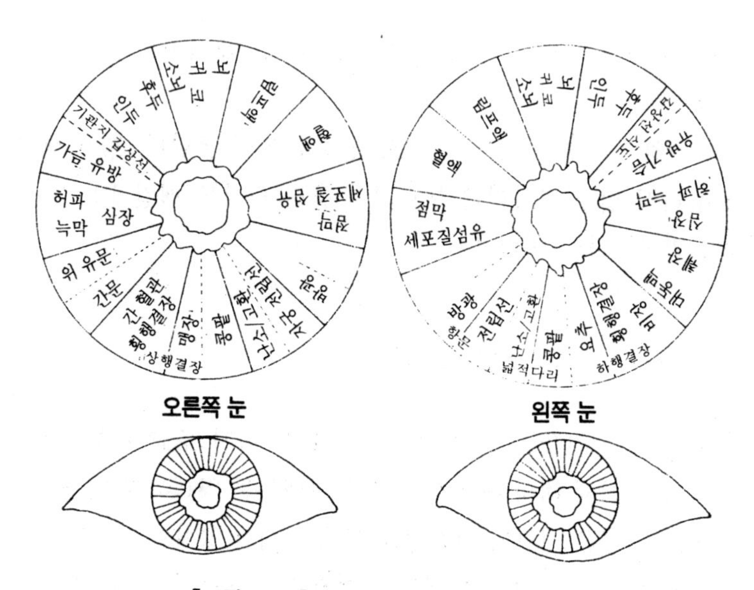

【그림 9-15】 눈은 모든 것을 나타낸다.

이 더욱 눈을 나쁘게 만드는 것이다. 이와 같은 일들은 눈을 너무 혹사시킴으로써 시각 기관의 앞부분이 충혈되도록 하며, 기관 안에 있는 많은 에너지가 새어나오게끔 한다. 비전 도교 기공에서는 눈이 간에 연결된 것으로 보며, 정신 세계로 향한 길로 간주한다(그림 9-16).

눈의 가장자리를 문질러 줄 때 너무 강하게 문지르지 않도록 주의한다. 자칫하면 눈꼬리를 처지게 할 수도 있기 때문이다. 또한 항상 위쪽을 향해 문질러 주도록 한다.

1) 에너지를 양손으로 끌어올린다

숨을 들이쉬면서 에너지를 양손으로 끌어올리는 과정을 반복

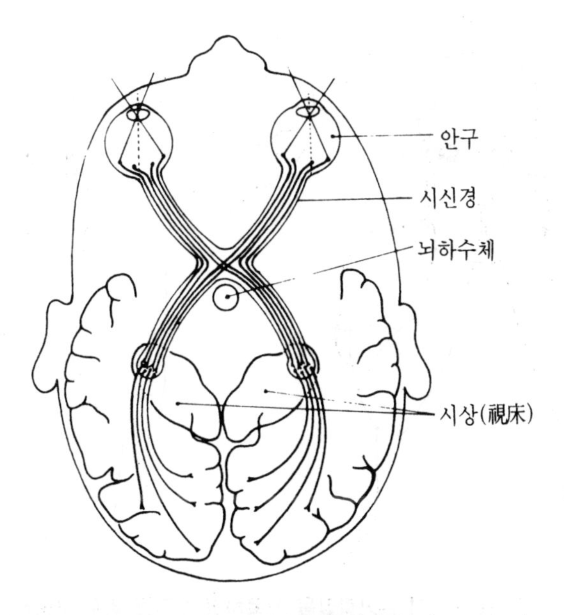

【그림 9-16】 눈은 정신 세계를 향한 길이다.

한 다음 숨을 멈춘다. 또한 성기와 둔부 및 항문의 중심 · 오른쪽 · 왼쪽을 수축시킨다. 에너지를 눈까지 끌어올린다. 양손을 비빈 후 이를 꽉 물고 혀는 입천장에 붙인다.

에너지를 얼굴과 손으로 보낸다. 양손이 따뜻해지면, 두 눈이 에너지로 가득찬 것을 느낄 때까지 마음을 눈에 집중시킨다.

2) 안구와 눈 언저리

눈을 감는다. 손가락끝을 사용하여 감은 눈 위로 눈동자를 가볍게 마사지한다. 이 동작을 시계 방향으로 6~9번 실시 한 뒤, 반대 방향으로 다시 6~9번 반복한다. 눈꺼풀 주위도 마찬가지

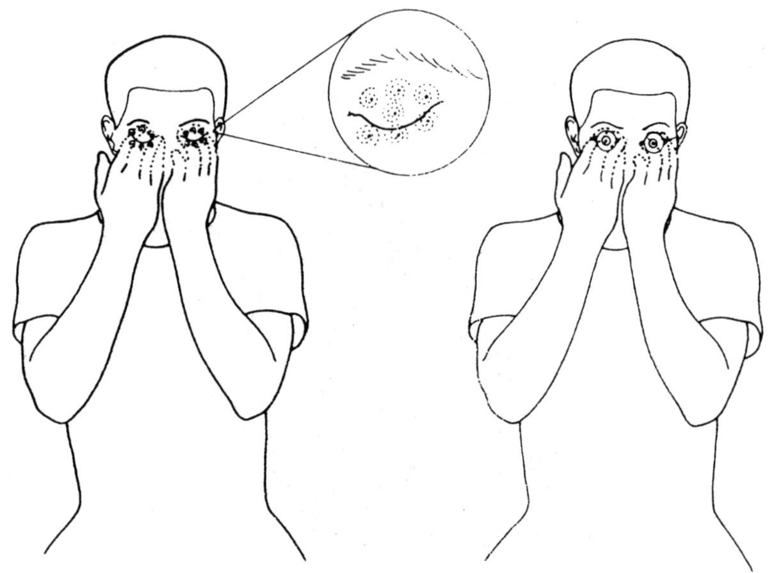

【그림 9-17】 손가락끝을 사용하여 눈꺼풀 위로 눈동자를 가볍게 마사지한다.

로 같은 회수를 반복한다(그림 9-17). 통증이 느껴지는 부분이 있으면 주의해서 통증이 사라질 때까지 반복한다.

눈의 안쪽과 바깥쪽 가장자리에는 특별히 주의를 기울인다. 이곳들은 쓸개의 경락과 통하는 지점으로서 이곳을 마사지해 줌으로써 눈의 통증이나 질환이 해소된다.

3) 눈꺼풀 잡아당기기

눈꺼풀을 잡아당기면 눈 속의 액체가 증가한다. 엄지와 검지로 눈꺼풀을 잡고, 앞으로 당겼다가 놓아 주기를 6~9번 반복한다(그림 9-18).

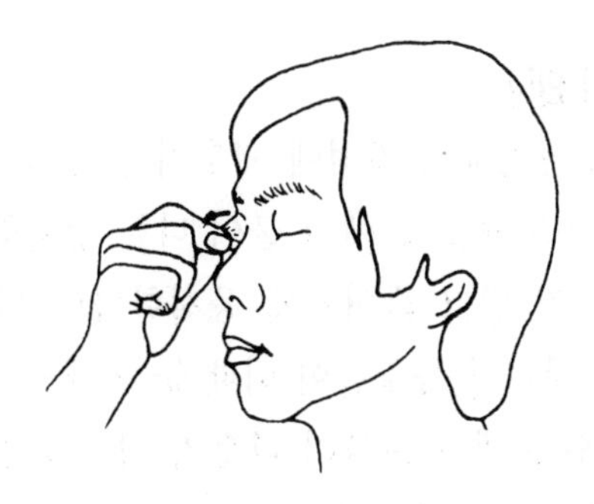

【그림 9-18】 엄지와 검지로 눈꺼풀을 잡아당긴다.

4) 안와(眼窩)

검지를 구부려서 두번째 마디로 안구를 둘러싼 뼈의 아래 위를 6~9번 눌러 준다(그림 9-19).

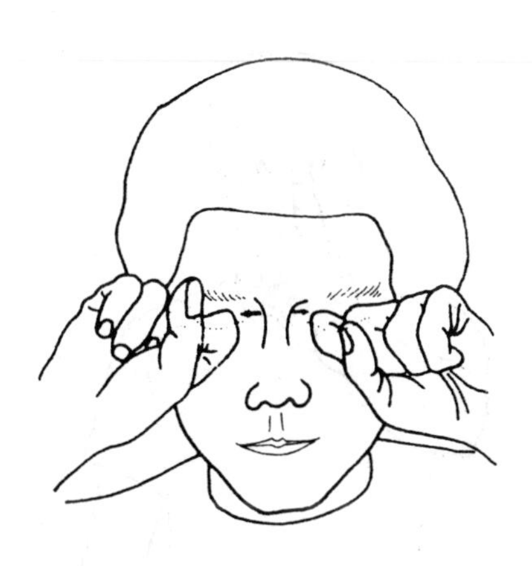

【그림 9-19】 검지를 구부려서 안와 주위를 마사지한다.

5) 눈물이 나오게 한다

검지를 펴서 눈앞 20cm 지점에 세우거나, 1.5~1.8m 떨어진 벽에 점 하나를 그려 놓고 눈에서 불이 나는 것처럼 느껴질 때까지 눈을 깜박거리지 말고 뚫어지게 응시한다(그림 9-20). 비전 도교 기공에서는 체내의 독소들이 이때 눈 속에서 불타 없어진다고 믿는다. 잠시후 눈에서 눈물이 나오기 시작할 것이다. 이것이 곧 눈을 강화하기 위한 방법이다.

그러고 나서, 양손을 따뜻하게 문지른 다음 눈을 감고 손바닥으로 안구를 덮는다. 양손으로부터 에너지가 눈 속으로 흡수되는 것을 느껴 본다. 처음에는 눈동자를 시계 방향으로, 그리고 다음에는 시계 반대 방향으로 6~9번씩 돌려 주도록 한다(그림 9-21).

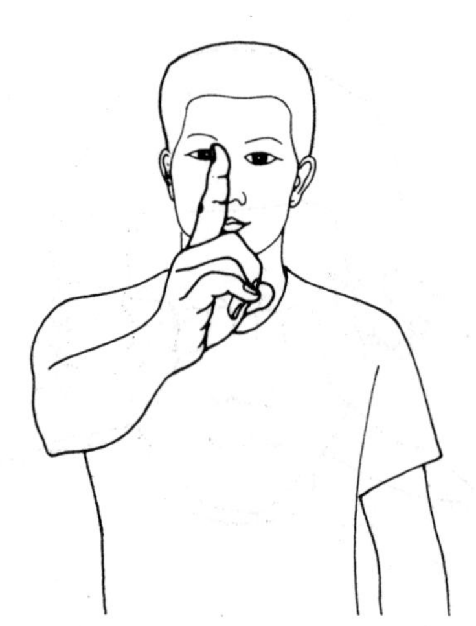

【그림 9-20】 눈을 깜빡거리지 말고 뚫어지게 응시한다.

【그림 9-21】 따뜻하게 문지른 손바닥을 눈 위에 덮고 눈동자를 돌린다.

6) 안구를 안으로 끌어당긴다

눈은 여러 영역으로 나뉘어져 있으며, 각 부분은 감각기관 및 뇌와 밀접하게 연결되어 있다(그림 9-22). 조용히 눈을 감고 눈의 감각을 느껴 보도록 한다(그림 9-23).

안구를 안쪽으로 당기거나 상하 좌우로 압력을 가함으로써 장기와 감각기관 및 내분비선과 뇌에 자극을 준다(그림 9-24). 이것은 눈의 근육들을 위한 최상의 체조이다.

눈에는 우리가 평소에 별로 사용하지 않는 많은 근육들이 분포해 있다. 그 근육들을 그대로 방치하게 되면 점점 약해져서 시력이 악화된다. 여기에 안구 운동의 필요성이 있다.

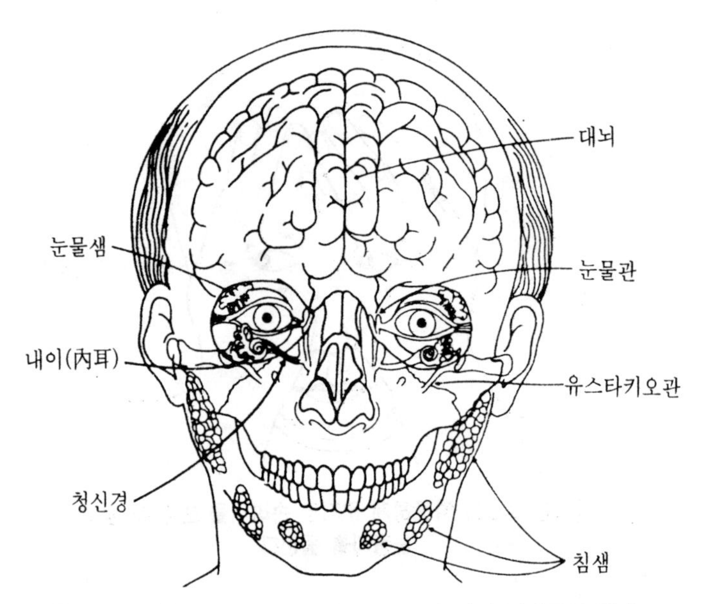

【그림 9-22】 눈의 각 부분은 감각기관 및 뇌와 연결되어 있다.

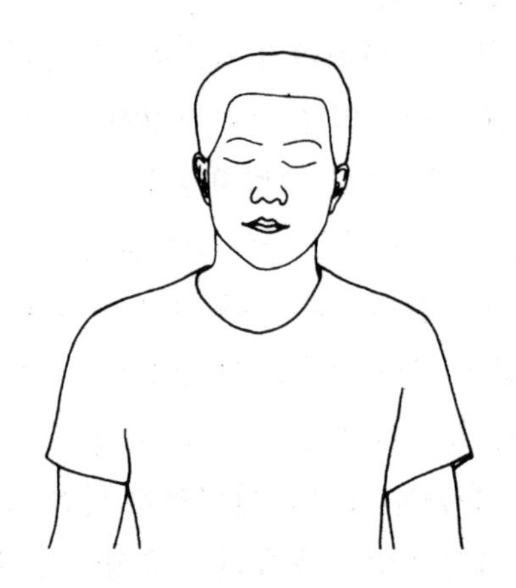

【그림 9-23】 조용히 눈을 감고 눈의 감각을 느껴 본다.

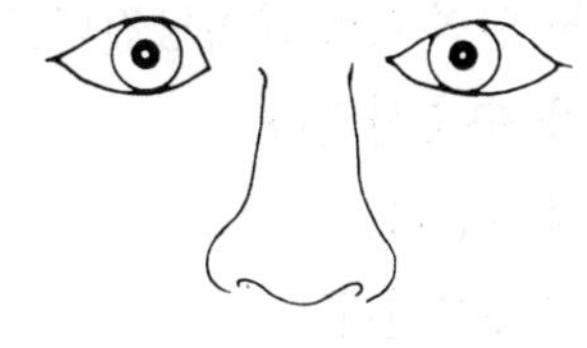

(1) 내이 쪽으로 압력을 가한다.

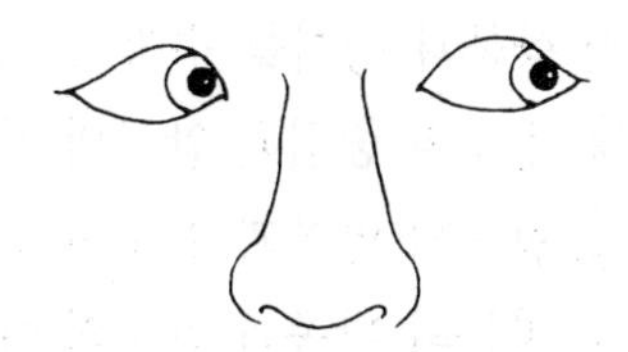

(2) 왼쪽 눈은 외이도 쪽으로 압력을 가하고 오른쪽 눈은 유스타키오관 쪽으로 압력을 가한다.

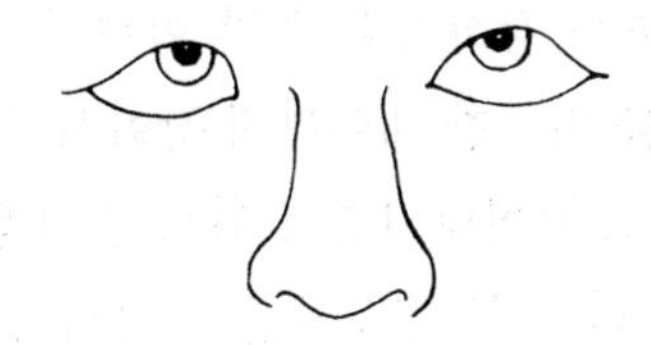

(3) 뇌하수체 쪽으로 압력을 가한다.

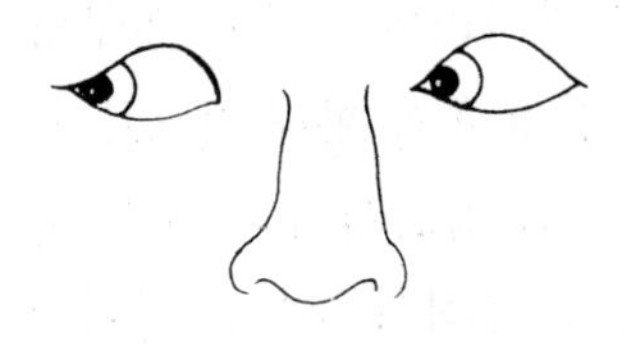

(4) 오른쪽 눈은 외이도 쪽으로 압력을 가하고 왼쪽 눈은 유스타키오관 쪽으로 압력을 가한다.

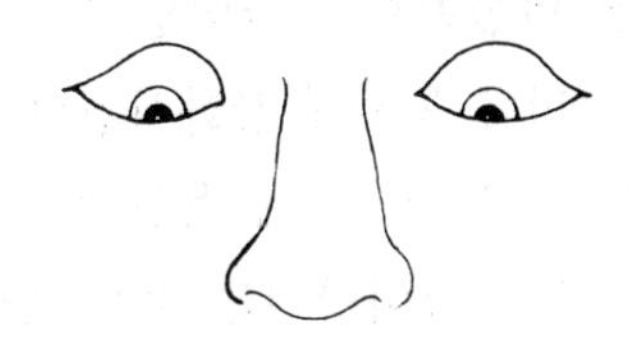

(5) 유스타키오관 쪽으로 압력을 가한다.

【그림 9-24】

① 눈을 감고 손바닥으로 눈을 덮고 있는 동안 숨을 들이쉬면서 항문과 성기를 수축시키고 안구를 눈 안쪽으로 끌어당긴다.
② 항문의 중심과 안구의 가운데 부분을 수축시킨다.
③ 항문의 앞쪽과 안구의 윗부분을 수축시킨다.
④ 항문의 뒤쪽과 안구의 아랫부분을 수축시킨다.
⑤ 항문의 오른쪽과 안구의 오른쪽 부분을 수축시킨다.
⑥ 항문의 왼쪽과 안구의 왼쪽 부분을 수축시킨다.

이 운동은 비단 눈을 강화시킬 뿐만 아니라, 뇌하수체 · 송과선 및 고막 · 귓구멍을 비롯한 내이까지 강화시켜 준다.

안구를 눈 안쪽으로 끌어당기면서 위로 끌어올려 머리 꼭대기를 바라보는 것은 눈의 상부 근육들을 운동시키며, 또한 뇌하수체 및 송과선을 자극하게 된다. 안구를 수축시키면서 안쪽으로 끌어당기는 것은 눈 뒤쪽의 근육들과 내이의 근육을 강화하며, 눈을 바깥쪽으로 끌어당김으로써 눈 가장자리의 근육과 귓구멍 및 고막을 동시에 강화시킨다. 또한 눈을 코 쪽을 향해 안으로 모으는 것은 안쪽의 근육들과 눈물샘 및 코를 강화시키고, 눈을 아래쪽으로 끌어당기는 것은 귓구멍과 신경 조직의 하부를 강화시킨다.

7) 눈을 마주보는 훈련

어떤 사람은 상대방의 눈을 마주보면 초조해지거나 겁을 먹고 목소리가 속으로 기어들어가는데, 이것은 그 사람의 장기들이 약하기 때문이다. 또 어떤 사람은 이야기를 하면서 주위를 두리번

거리기도 하고 상대방의 눈을 쳐다보지 않으려고 애를 쓴다. 이것은 쓸개와 신장이 약한 데 원인이 있다. 이러한 증상을 고치기 위해서는 '내면의 미소', '치유 6성', 그리고 눈을 마주보는 훈련 등을 실시해야만 한다.

첫째주에는 하루에 2~5분 동안 거울 속의 자기 얼굴을 바라본다. 열흘이 지나면 눈을 들여다본다. 눈동자를 들여다봄으로써 자신에 대한 자신감을 키울 수 있게 될 것이다.

그렇게 되면 점차 상대방의 눈을 들여다보는 데서 오는 두려움도 없어지게 된다.

6. 코

코는 여러 가지 중요한 기능을 한다. 우리가 코로 정상 호흡을 할 때, 코는 먼지들을 걸러내어 먼지가 허파로 들어가는 것을 막아 준다. 코는 또한 체내로 들어오는 공기의 온도를 조절한다. 즉 공기가 너무 찰 때는 코에서 우선 미지근하게 데워 주는 것이다. 이와 같은 조절 기능이 없으면 극단적인 온도 차이가 허파를 상하게 하며, 상기도의 질병이나 감기를 유발한다. 비전 도교 기공 수련자들의 커다란 장점 가운데 하나는 그들이 거의 감기에 걸리지 않는다는 것이다.

콧속에는 세 개의 경락이 흐르고 있다. 대장, 위, 그리고 임맥의 경락이 곧 그것이다. 코를 문질러 줌으로써 기온 조절 기능을 강화하고, 위의 기관들을 강화하며, 호르몬의 분비를 증가시키는 일이 가능하다. 중국에서는 바늘 몇 개를 코에 꽂아서 수술하고자 하는 신체의 어느 부분이든 임의로 마취시키기도 한다.

코는 그 사람의 인상에도 영향을 미친다. 가늘고 길며 허약해 보이는 코나 흉하게 생긴 코는 보는 사람들에게 호감을 주지 않는다. 반면에 건강한 코는 강인한 인상을 준다.

코는 생명의 호흡이 신체로 들어가는 첫번째 장소이다. 약한 코는 보편적으로 감염이 잘되며 콧물이 많이 난다. 약한 코는 또한 목소리에도 영향을 미친다. 그러므로 훌륭한 가수는 항상 건강한 코를 유지한다. 코를 문지르거나 마사지하는 것은 코의 기운을 강화시켜 주며 코를 둘러싼 에너지의 순환을 촉진시켜 준다.

1) 에너지를 양손으로 끌어올린다

항문의 앞쪽을 수축시키면서 손으로 에너지를 끌어올리는 과정을 반복한다.

2) 콧구멍

콧구멍을 넓힌다. 엄지와 검지를 콧구멍에 넣어서 전후 좌우로 10~20번 움직이도록 한다(그림 9-25). 이렇게 하면 공기가 폐로 들어가는 길이 넓어지게 되며, 또한 코에 발생한 여러 가지 문제점들과 냄새 맡는 감각이 바로잡히게 된다.

3) 콧날

엄지와 검지로 양눈 사이의 콧날을 잡고 집게로 집듯이 집어가면서 마사지한다. 이렇게 하는 동안 숨을 천천히 들이쉬면서

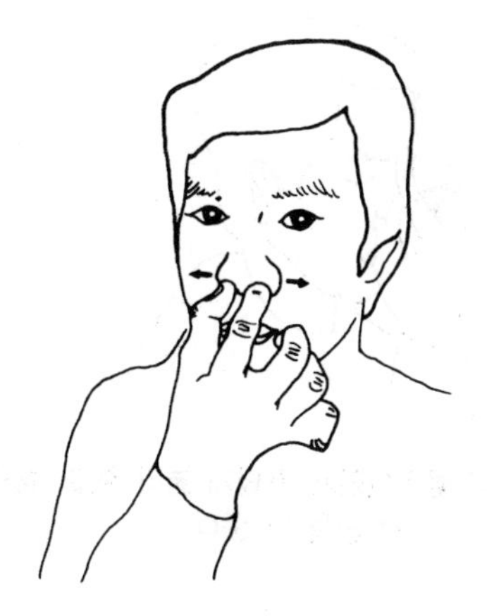

【그림 9-25】 콧구멍을 넓힌다.

깨끗한 공기가 콧속으로 들어가는 것을 상상하고, 천천히 내쉬면서 더러운 공기가 빠져나가는 것을 상상한다. 6~9번 반복한다(그림 9-26).

이 수련법은 코가 막혔을 때 실시하면 매우 효과적이다.

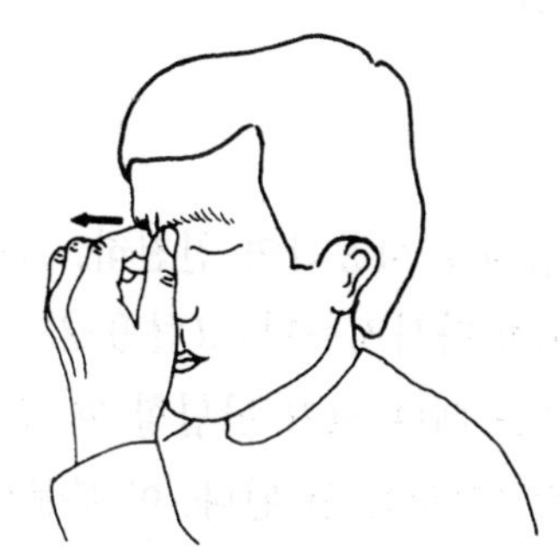

【그림 9-26】 콧날을 잡고 집게로 집듯이 집어가면서 마사지한다.

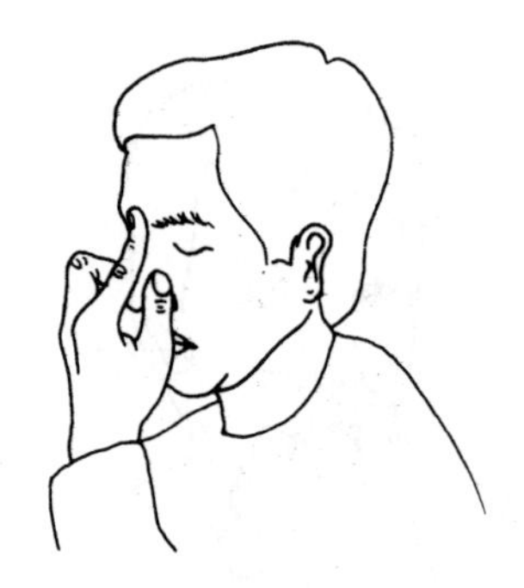

【그림 9-27】 숨을 들이쉬면서 가볍게 눌러 주고, 숨을 내쉬면서 손을 떼 준다.

4) 콧등

콧등을 마사지할 때는 엄지와 중지를 양쪽 코뼈 위에 놓고, 검지를 미간에 위치시킨다. 그러고 나서 숨을 들이쉬면서 가볍게 눌러 주고, 숨을 내쉬면서 손을 떼 준다(그림 9-27).

손가락에서 발산되는 뜨거운 에너지를 느끼면서 그것을 코로 흡수하도록 한다. 이 수련법은 집중력을 강화시키며, 마음을 차분하게 가라앉혀 준다.

5) 코의 양쪽 옆

코의 양쪽 옆을 검지를 사용하여 천천히, 그리고 점차 속도를 증가시키면서 9~36번 마사지한다(그림 9-28).

이것은 코가 막혔을 때나 코가 답답할 때 도움이 된다. 단 처음부터 너무 세게 문질러서는 안 된다. 이 부분의 피부는 매우 연하여 상할 염려가 있기 때문이다.

코의 양쪽 옆을 아래위로 문지르면서 따뜻하게 느껴질 때까지

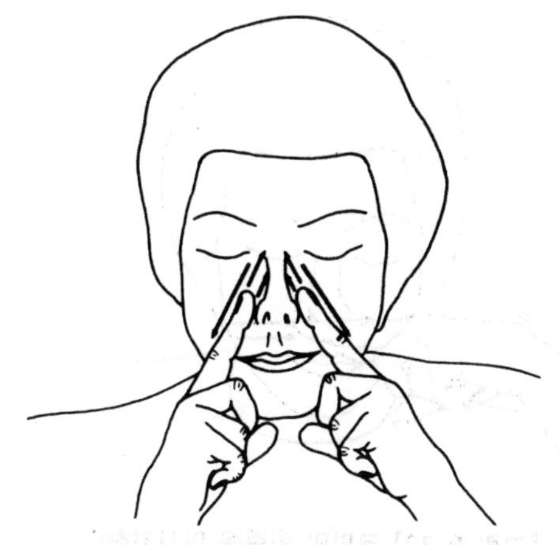

【그림 9-28】 코의 양쪽 옆을 검지로 마사지한다.

계속하라. 이 수련법은 추운 겨울날이나 매일 아침에 일어날 때마다 실시하면 도움이 된다.

6) 인중

처음에는 천천히 마사지하다가 익숙해짐에 따라 속도를 점차 증가시킨다. 무리하게 힘을 가하여 상처를 입는 일이 없도록 한다. 검지를 활용하여 좌우로 빨리 왕복하면서 코밑의 인중을 마사지한다(그림 9-29).

이 수련법은 코가 막혔을 때나 답답할 때, 또는 콧물이 흐를 때 도움이 된다.

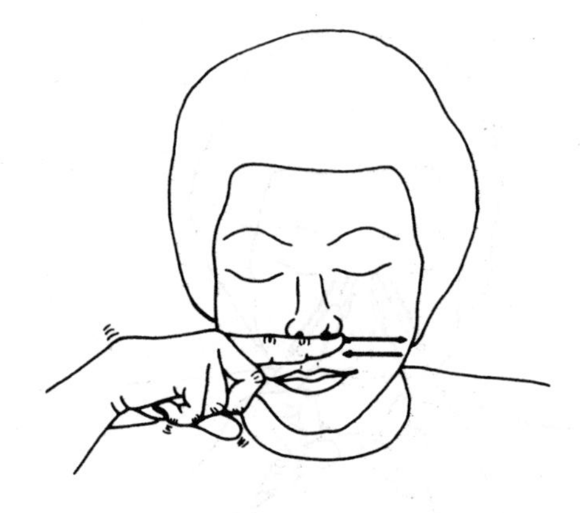

【그림 9-29】 코밑의 인중을 마사지한다.

7. 귀

중국에서는 크고 두꺼운 귀를 가진 사람은 건강하고 장수하며, 또한 덕이 있다고 믿는다. 다음의 수련법들은 우리가 나이를 먹음에 따라 발생하는 청각 장애를 막아 준다.

침술에서는 귀가 온몸을 나타내며, 120군데의 경혈을 가지고 있다. 오늘날 많은 침구사들이 질병을 치료하는 데 있어서 체중 조절과 함께 귀의 경혈들을 활용한다.

1) 외이(外耳)

항문의 왼쪽과 오른쪽을 수축시키면서 양손으로 에너지를 끌어올리는 과정을 반복한다.

① **앞뒤** : 검지와 중지를 벌리고 귀를 그 사이에 끼운 후 귀의

앞뒤를 마사지한다(그림 9-30-1).

② **전체** : 다섯 손가락 모두를 사용하여 마사지한다. 이것은 자율신경을 자극할 뿐 아니라 전신을 따뜻하게 하여 준다. 특히 날씨가 추울 때 효과가 있다(그림 9-30-2).

③ **귓바퀴** : 엄지와 검지를 사용하여 귓바퀴를 아래로 잡아당긴다(그림 9-30-3).

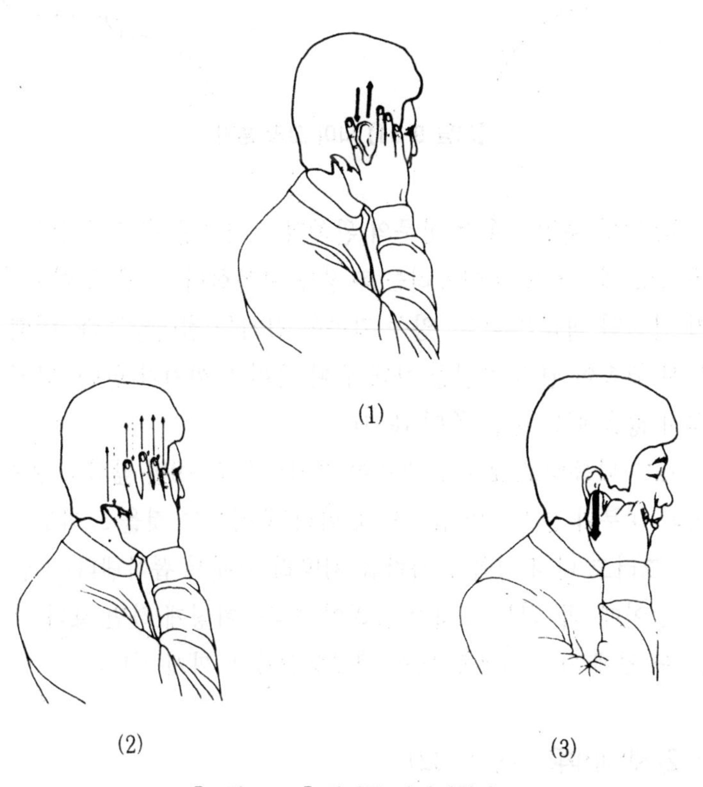

【그림 9-30】 외이를 마사지한다.

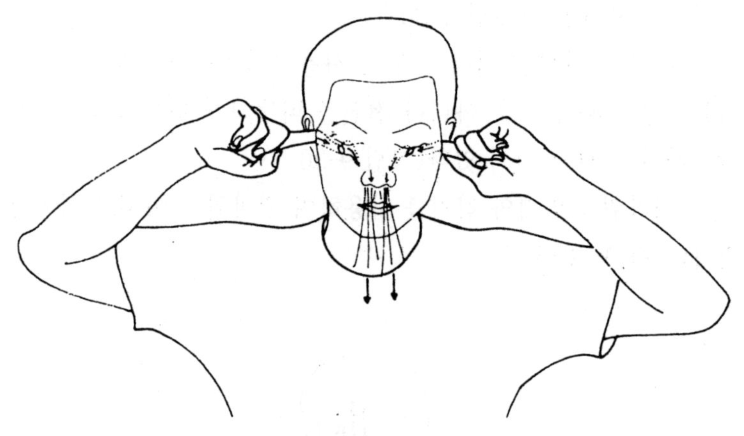

【그림 9-31】 외이 고막 훈련

④ **고막 훈련** : 우선 항문의 왼쪽과 오른쪽을 수축시키면서 양손으로 에너지를 끌어올리는 과정을 반복한다. 숨을 들이마셨다가 완전히 내뿜은 다음, 양쪽 귓속에 검지를 집어넣는다. 이때 반드시 귓속이 완전히 진공 상태가 된 듯이 느껴져야 한다. 만일 그렇지 않을 때는 숨을 좀더 내쉰다.

자기 나름대로 보조에 맞추어 손가락을 6~9번 앞뒤로 움직여 귀의 내부가 손가락의 움직임에 따라 움직이는 것을 느끼도록 한다. 그러고 나서 양쪽 손가락을 재빨리 귀에서 뽑아낸다(그림 9-31). 이때 '팍' 하는 소리가 들려야 한다. 이렇게 하면 보다 잘 들을 수 있게 되고 마음도 더욱 깨끗해짐을 느끼게 된다.

2) 내이(內耳) (그림 9-32)

항문의 왼쪽과 오른쪽을 수축시키면서 양손으로 에너지를 끌

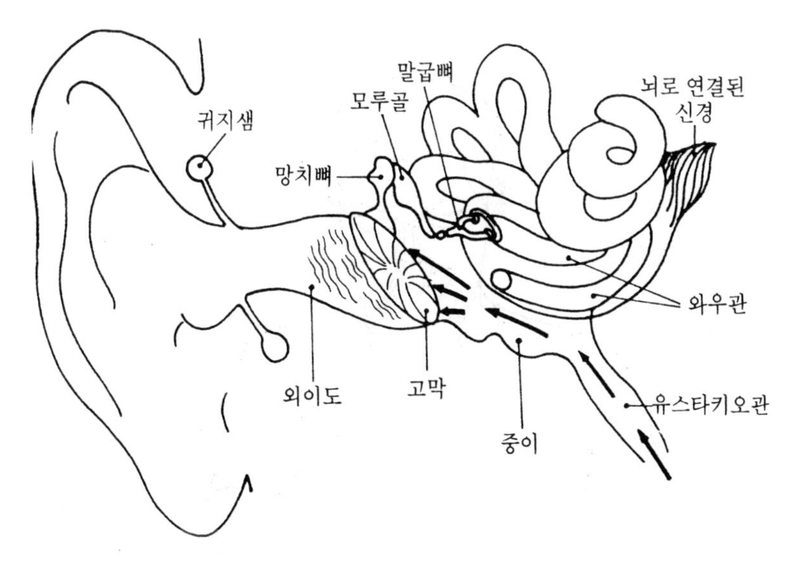

【그림 9-32】 고막 내부도(귀)

어올리는 과정을 반복한다.

고막 안쪽의 내이는 바깥에서 접근할 수 없기 때문에 통상적으로 운동을 할 수가 없고 나이를 먹음에 따라 약해지게 마련이다. 공기의 압력과 진동을 활용하는 이 두 가지 운동은 내이를 강화하기 위한 것이다.

외이도(外耳道)와 비강(鼻腔) 및 입은 함께 연결되어 있다. 이 운동을 할 때 우리는 허파에서 발생하는 압력을 입으로 끌어올린 뒤 그 압력을 내이의 고막에 가하게 된다. 이것이 곧 내이(內耳) 고막 훈련이다.

① **코 막고 숨 내쉬기** : 천천히 숨을 들이마심으로써 허파와

【그림 9-33】 내이 고막 훈련

콧속을 공기로 가득 채운다. 입을 다물고 콧구멍을 엄지와 검지 손가락으로 집는다. 천천히 막혀 있는 코를 통해 숨을 내쉬고 나서 그 공기를 삼킨다. 이때 고막이 '빵' 하고 바깥쪽으로 팽창하는 것을 느끼게 될 것이다. 이 동작을 2~3번 반복한다(그림 9-33). 단, 너무 세게 숨을 내쉬지 않도록 한다. 고막이 상할 수가 있다. 최대의 이익을 얻기 위해서는 모든 수련을 부드럽게 행해야만 한다.

② **고막 두드리기** : 이것은 손을 이용해서 고막을 두드리는 방법이다. 손바닥으로 귀를 막고 손가락이 머리 뒤쪽을 향하게 한다. 이 상태에서 검지손가락을 중지손가락 위에 올려놓았다가 중지손가락을 강하게 누르면서 비껴 내려와 두개골의 아랫 부분,

또는 후두부를 치도록 한다. 그러면 귓속에서 꽤 큰 소리가 느껴질 것이다.

이 수련법은 신경 조직과 외이 및 내이의 구조에 진동과 자극을 준다. 이 동작을 9번 이상 반복한다(그림 9-34). 이 방법을 통하여 귀의 활동이 균형을 찾게 되고 유양돌기관도 개선된다.

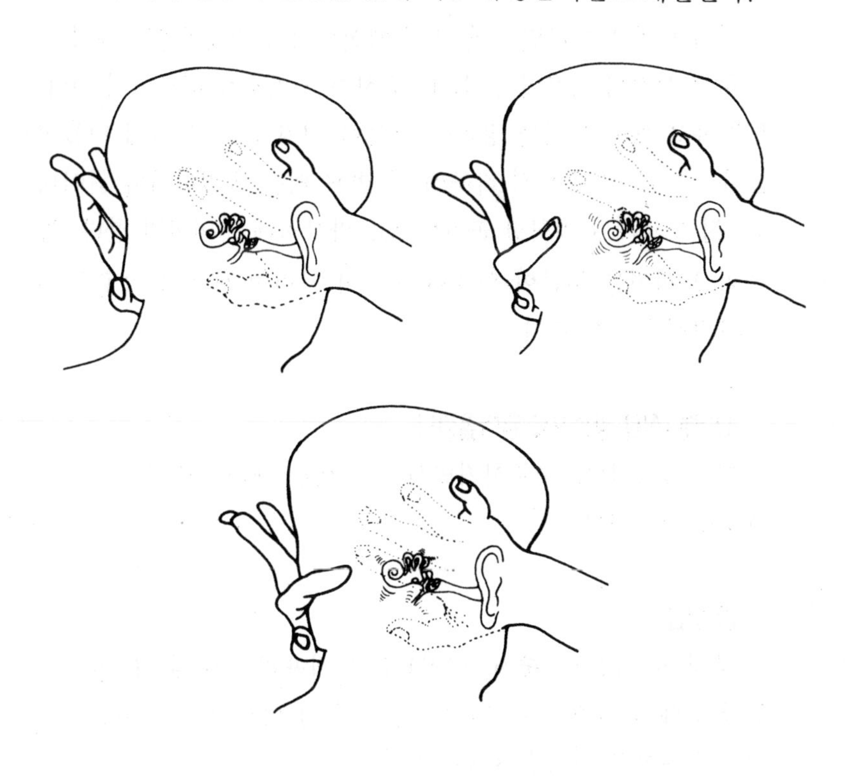

【그림 9-34】 고막 두드리기

8. 잇몸 · 혀 · 이

이가 건강하려면 반드시 건강한 잇몸이 필요하다. 다음의 수련들은 잇몸과 이를 모두 강화하여 준다. 이란 뼈의 에너지가 돌출된 것이다. 따라서 이가 강해지면 뼈들도 강해진다.

이와 혀가 튼튼하면 호흡 또한 개선되어 입냄새가 없어진다.

혀는 심장의 시작이며, 둘 다 유사한 조직으로 이루어져 있다. 튼튼하고 깨끗한 혀는 장기들을(특히 심장을) 튼튼하게 만들어 준다. 그러므로 반드시 하루에 두 번씩 혀를 솔질하거나 긁어내고, 혀 누르개나 깨끗한 손가락으로 마사지해 주어야만 한다. 통증이 느껴지는 부분이 있으면 통증이 사라질 때까지 그곳을 잘 마사지해 주도록 한다.

1) 에너지를 양손으로 끌어올린다

항문의 중심을 수축시키면서 양손으로 에너지를 끌어올리는 과정을 반복한다.

2) 잇몸

세 손가락(검지, 중지, 약지) 끝을 사용하여 아래 위 잇몸 주위를 겉에서 가볍게 두드린다. 입 주위가 따뜻해지는 것을 느낄 때까지 계속한다(그림 9-35-1).

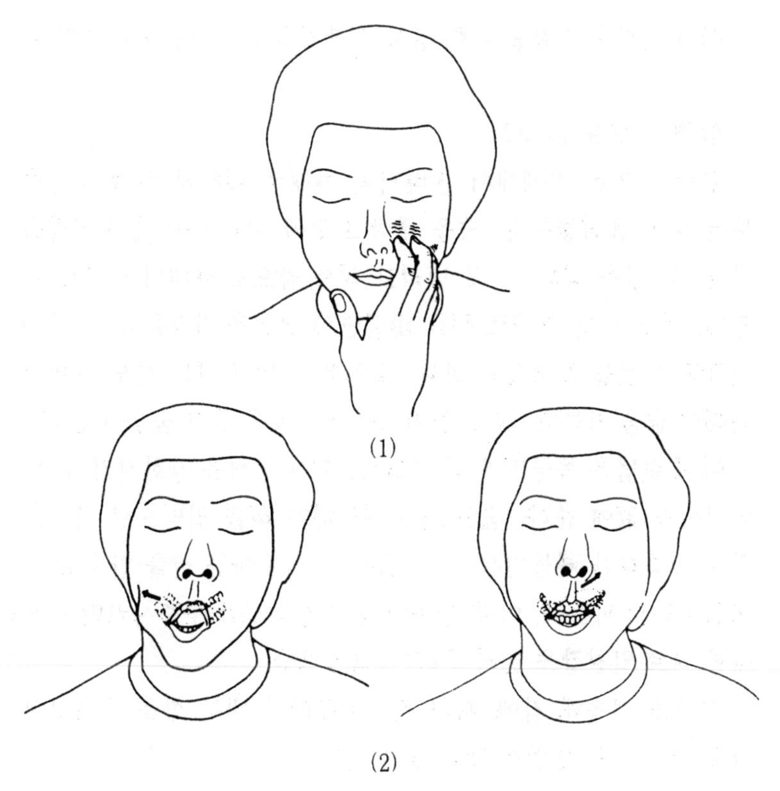

(1)

(2)

【그림 9-35】 잇몸 마사지

3) 잇몸과 혀

혀를 이용하여 아래 위 잇몸을 마사지한다. 침을 삼킨 다음 혀를 입천장에 대고 세게 누른다. 혀의 운동을 시도해 본다. 혀를 튼튼하게 하면 심장 또한 튼튼해진다. 혀로 입안 주위를 누른다. 혀로 입천장을 누르고, 목의 근육들을 수축시키고 침을 삼킨다(그림 9-35-2).

이 수련법은 소화를 위한 샘들과 장기들을 매끄럽게 해준다.

4) 혀(그림 9-36, 37)

편안히 앉은 자세에서 손바닥을 아래로 향하게 하여 양손을 무릎 위에 올려놓는다. 숨을 내쉬고 팔에 힘을 주면서 손가락을 쫙 편다. 입을 최대한으로 벌리고 혀를 밖으로 빼내어 밑으로 내민다. 가능한 한 최대로 혀를 내밀면서 코끝을 바라본다. 온몸이 긴장되는 것을 느끼도록 한다. 불편을 느끼지 않는 한도 내에서 최대한 숨을 참는다. 숨을 들이쉬면서 긴장을 풀고 숨을 고른다.

이 수련법은 목구멍과 혀, 그리고 언어 능력을 강화시켜 주며, 입냄새를 없애 준다. 숨을 들이쉬었다가 혀를 입밖으로 내밀고 밑으로 최대한 빼물면서 숨을 내쉰다. 다음에는 혀를 안으로 끌어들이면서 비튼다. 이때 항문의 중심과 식도를 수축시키면서 최대한 혀로 입천장을 눌러 준다(그림 9-38).

수련을 계속해 감에 따라 장기로부터의 내부 힘을 운용하여 혀로 눌러 주는 방법을 알게 될 것이다.

5) 이 악물기

입 주위의 긴장을 풀고 나서 아래윗니를 가볍게 부딪친다(그림 9-39). 다음엔 이빨을 세게 악문다(그림 9-40). 항문의 중심을 수축시키면서 숨을 들이쉰다.

이 동작을 6~9번 되풀이한다. 혀와 입을 움직여서 침이 많이 고이도록 한다. 혀를 입천장에 딱 붙이고 침을 단 한번에 꿀꺽 삼킴으로써 식도까지 내려보낸다. 침이 뜨겁게 식도를 타고 내려가

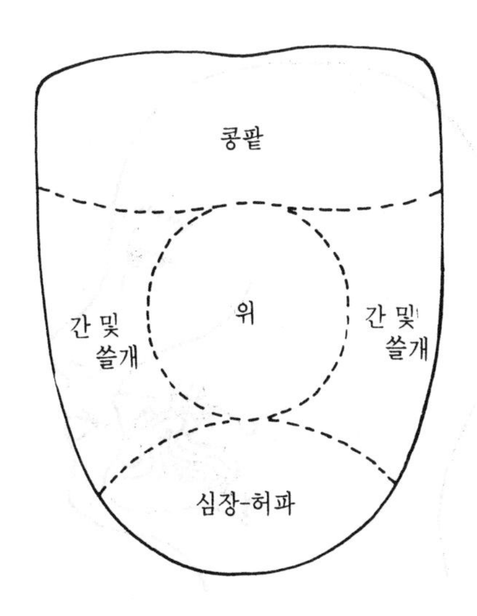

【그림 9-36】 혀의 각 부분 및 해당 장기들

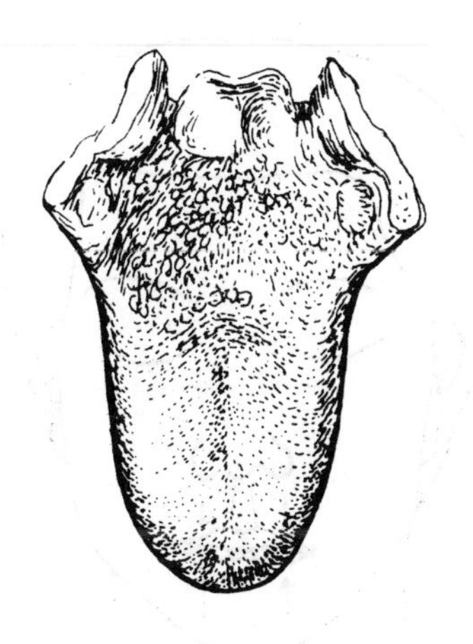

【그림 9-37】 혀의 모양

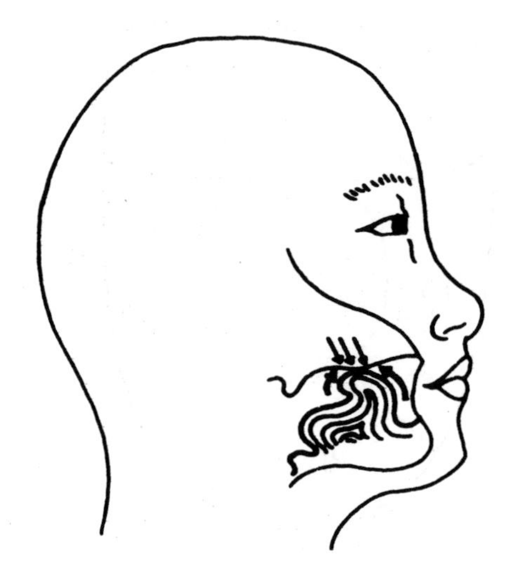

【그림 9-38】 혀를 입천장에 대고 누른다.

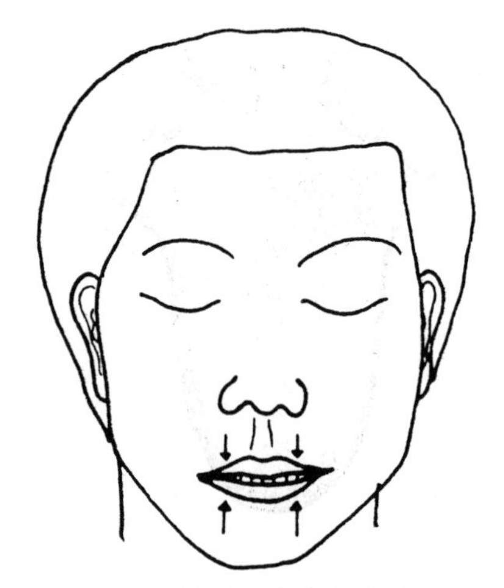

【그림 9-39】 아래윗니를 가볍게 부딪친다.

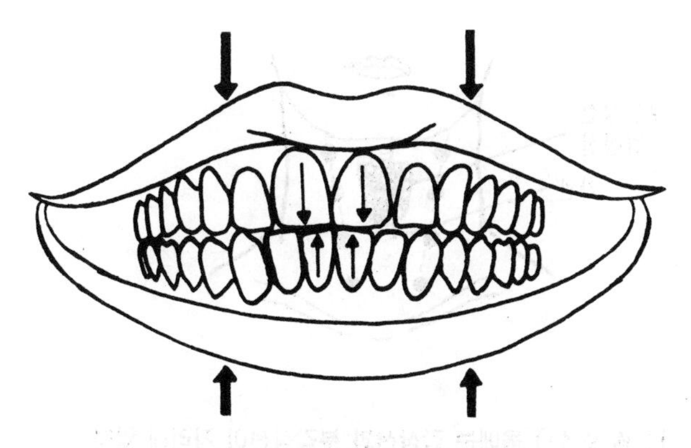

【그림 9-40】 이빨을 세게 악문다.

모든 장기에 온기를 보내는 것을 느껴 보도록 한다.

이 수련법은 잇몸 질환을 예방해 주며 치아를 튼튼하게 해주고 치통까지 없애 준다.

6) 이에 에너지 보내기

입을 다물고 아래윗니가 서로 가볍게 닿도록 한다. 그러고 나서 에너지를 이로 보낸다. 에너지의 전기적 흐름을 서서히 느껴 보도록 한다.

9. 목

1) 갑상선과 부갑상선 : 용기 · 웅변력의 근원

목은 우리 몸에서 가장 소통이 많은 곳이며, 갑상선과 부갑상선이 자리해 있는 곳이다(그림 9-41). 목을 마사지하면 몸속의

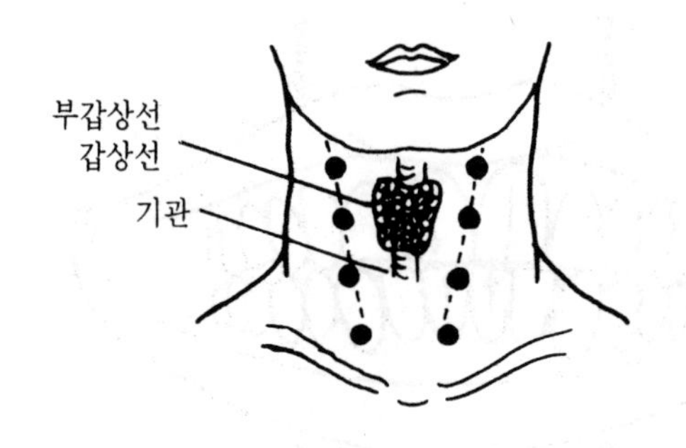

【그림 9-41】 목에는 갑상선과 부갑상선이 자리해 있다.

신진대사가 활발해진다.

감정의 불균형으로 인해 목의 긴장이 야기될 수도 있는데, 우리가 긴장하고 신경이 날카로워지는 것은 분노 · 두려움 · 슬픔 등의 부정적 감정에 반응하고 있을 때이다. 감정은 물론 모든 신호들이 목을 통과하지 않으면 안 되게 되어 있으므로 스트레스나 감정적 부담이 있을 때, 목은 긴장이 누적되어 막히기 시작한다.

목을 부드럽고 유연하게 유지함으로써 뇌의 중심부에 원활히 에너지를 전달할 수 있게 되며 마음과 몸을 다 같이 조화로운 상태로 유지할 수 있게 된다.

목이 긴장되면 목구멍이 자기 표현을 억제한다. 에너지의 적절한 흐름이 가능해야만 시간과 장소에 따라서 적절한 방법으로 자기 자신을 표현할 수 있게 된다.

목은 많은 경락들과 장기들의 에너지 통로이다. 목의 한 가운데에는 천청혈(天聽穴)이 있으며, 그 옆에 염천혈(廉泉穴) · 천

정혈(天鼎穴) · 부돌혈(扶突穴)이 있다. 목의 경락들을 통과하는 감정들은 긴장하게 되면 에너지의 원활한 소통을 막게 된다. 다음 표를 참고하기 바란다.

감 정	직접 관련 장기 / 간접 관련 장기
분 노	간 / 쓸개
두려움	방광 / 신장
비 애	대장 / 허파
성급함	심장 / 작은창자, 삼초(三焦)
근 심	비장/ 위장, 췌장

2) 에너지를 양손으로 끌어올린다

항문의 앞쪽을 수축시키면서 에너지를 양손으로 끌어올리는 과정을 반복한다.

3) 목 전체

엄지손가락을 펴서 나머지 네 손가락으로부터 넓게 벌린다. 양손을 바꾸어 가면서 턱끝에서부터 목밑까지 빠르게 쓸어내린다(그림 9-42). 9~36번 반복한다.

4) 목 가운데

갑상선과 부갑상선은 목의 앞부분에 있다. 엄지손가락과 다른 세 손가락들을 사용하여 이 선들을 마사지한다. 통증을 느끼는 부분이 있으면 통증이 풀어질 때까지 계속한다.

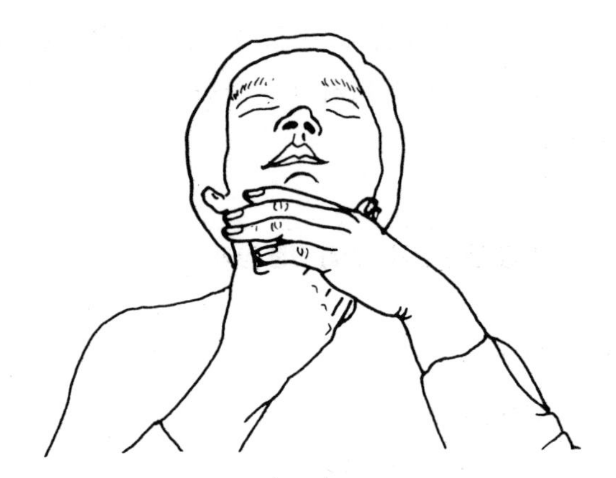

【그림 9-42】 턱끝에서 목밑까지 빠르게 쓸어내린다.

이 부분의 마사지는 원활한 신진대사는 물론 말할 때 힘이 들어갈 수 있게 돕는다.

5) 자라목 수련법

턱을 목에 딱 붙였다가 앞으로 내민다. 그러고 나서 턱을 위로 쳐들고 목을 위로 뺀다(그림 9-43).

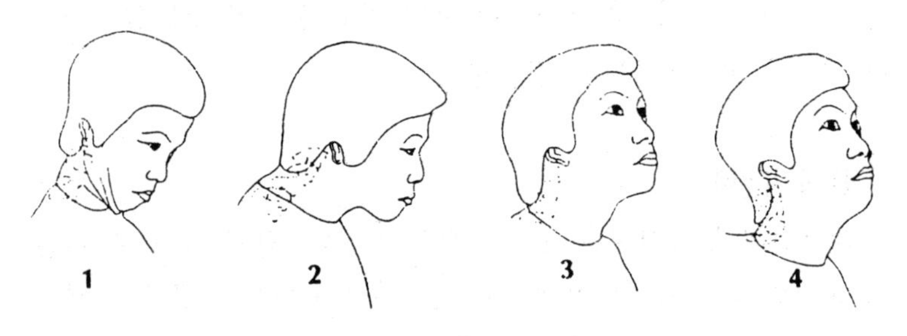

【그림 9-43】 자라목

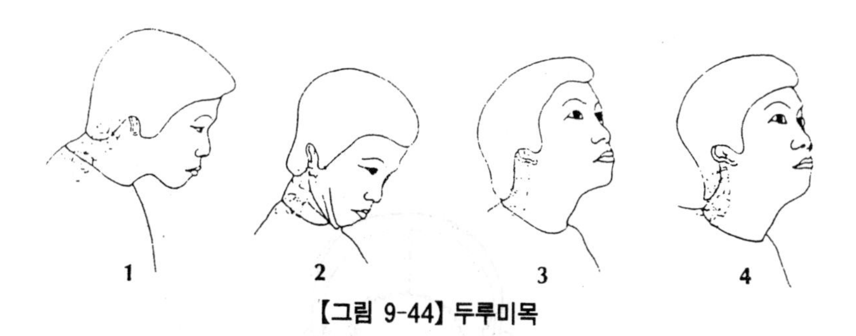

【그림 9-44】 두루미목

6) 두루미목 수련법

턱을 앞으로 내밀어 한 바퀴를 돌린 다음 밑으로 당긴다. 그러고 나서 다시 위로 쳐들고 앞으로 내민다(그림 9-44). 목뼈가 늘어났다가 수축되는 것을 느껴 보도록 한다.

7) 뒷목 마사지

뒷목의 목뼈를 따라 내려가면서 마사지해 준다. 어깨로부터 시작하여 두개골의 끝부분까지 거슬러 올라간다(그림 9-45).

주먹을 사용하여 뒷목를 두드려 준다(그림 9-46).

통증을 느끼는 부분이나 긴장된 부분이 있으면 그것이 풀릴 때까지 계속한다. 이 동작은 목의 긴장을 풀어 줌은 물론 두통의 원인까지도 제거한다.

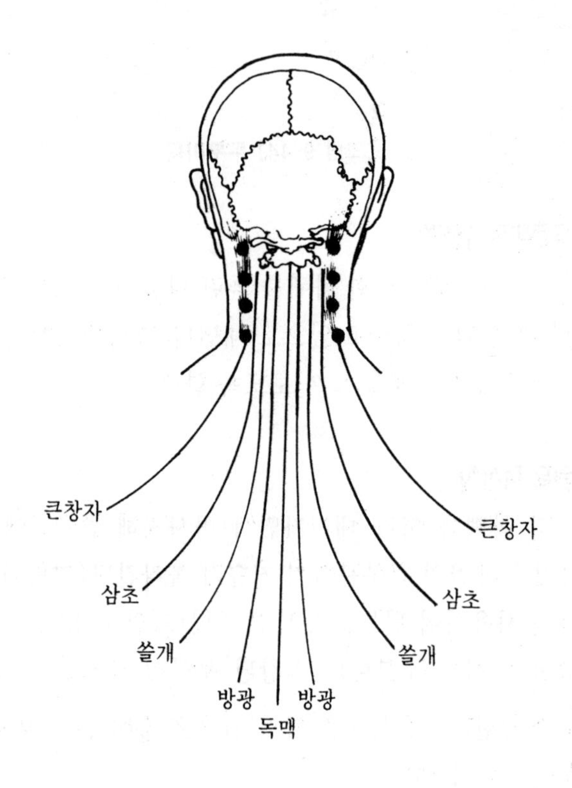

【그림 9-45】 뒷목 마사지

【그림 9-46】 주먹으로 목 뒷부분을 두드린다.

10. 양쪽 어깨

긴장과 걱정에 휩싸여 있는 사람은 어깨가 굳어 있을 뿐만 아니라 위로 치켜올라가 있다. 이러한 증상을 해소하기 위해서 다음과 같은 운동을 실시한다.

어깨를 귀밑까지 들어올려 목에 붙임으로써 목과 어깨의 근육들을 수축시킨다. 그 상태를 잠시 동안 지속하다가 숨을 깊이 내쉬면서, 마치 무거운 감자 푸대를 내려놓듯이 어깨를 털썩 내려뜨린다(그림 9-47). 이때 마음속의 짐들과 걱정거리, 스트레스들이 발밑으로 떨어져 땅속으로 스며드는 것을 느끼도록 한다. 자기 스스로 땅밑에 뿌리를 내리고 있음을 느껴 본다.

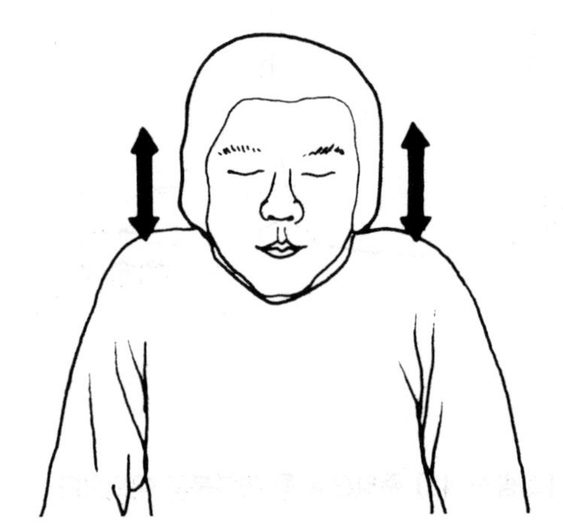

【그림 9-47】 어깨를 올렸다 내려뜨림으로써 긴장과 걱정을 털어 버린다.

이 동작을 3~9번 반복하고 나면 몸에 쌓였던 긴장과 걱정이 저절로 사라진다. 양어깨와 가슴의 긴장을 풀고, 숨을 내쉬면서 몸의 긴장이 사라진 것을 느낄 수 있을 때까지 더욱 마음을 편안히 가라앉힌다.

제 10 장 내장과 내분비샘의 독소 제거

신체의 장기들이나 내분비샘들이 위치해 있는 부위를 가볍게 치거나 두드리는 것은 몸속의 탁기를 제거하고 기혈의 순환과 에너지 흐름을 촉진시킨다. 비전 도교 기공을 수련한 많은 사람들이 현대의학으로는 고치기 힘든 만성적 질병들을 스스로 고칠 수 있었다고 말한다.

1. 가슴샘(흉선 ; 胸腺)

가슴샘은 신체의 면역체계를 관장하며 수명과 연관이 있다. 보편적으로 가슴샘은 아동기를 지나면 위축되지만 수련의 높은 단계에 이르면 또다시 살아난다.

가슴샘은 건강과 활력 및 더욱 큰 정신력을 유지할 수 있도록 도움을 준다. 엄지손가락으로 눌러 주는 것은 가슴샘의 활동을 증가시키고 더 많은 호르몬의 분비를 촉진시킨다.

1) 항문의 앞쪽을 수축시키면서 양손으로 에너지를 끌어올려

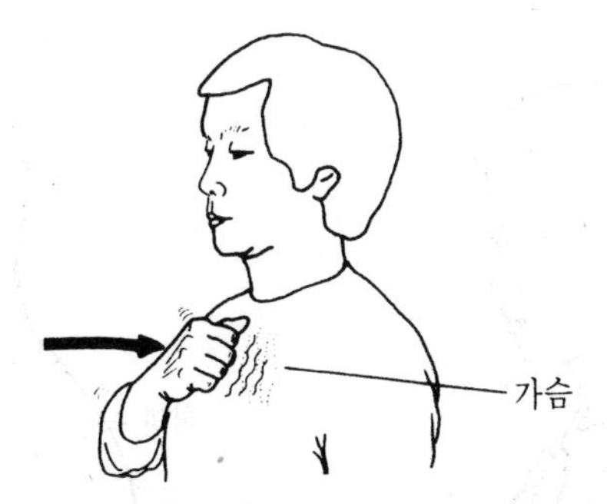

【그림 10-1】 빗장뼈에서 젖꼭지까지 쓸어내린다.

서 흉선에 모은다.

2) 주먹을 쥐고 숨을 들이쉬면서 빗장뼈에서 젖꼭지까지 쓸어내리기를 6~9번 반복한다(그림 10-1). 이 동작을 할 때는 일체 말을 하지 않는다. 그렇지 않으면 역효과가 나타날 수 있다.

2. 염통(심장 ; 心臟)

어떤 장기를 가볍게 두드리는 것은 유독 물질의 배출을 자극하여 그 장기로 하여금 스스로 재생과 치료를 가능케 하여 준다. 이러한 수련을 할 때는 때리거나 두드리는 것을 적절히 조절하여 지나치지 않도록 유의한다.

1) 항문의 왼쪽을 수축시키면서 에너지를 양손으로 끌어올린 다음 그 에너지를 심장으로 보낸다.

2) 손바닥으로 심장 부위를 6~9번 두드린다(그림 10-2). 이때 두드리면서 일체 말은 하지 않는다.

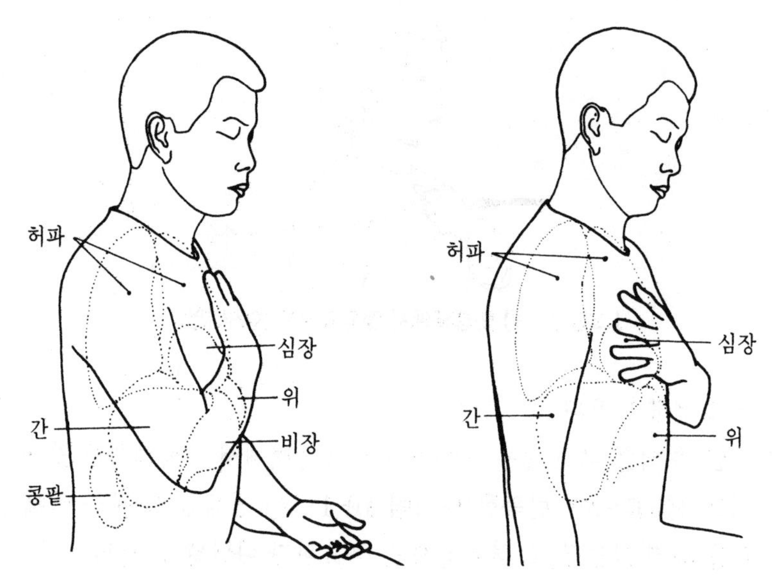

【그림 10-2】 심장 부위를 손바닥으로 두드린다.

3. 허파(폐 ; 肺)

1) 에너지를 양손으로 끌어올려 허파에 모은다.

2) 왼손 손바닥으로 오른쪽 허파를 두드린다. 단, 무리가 없을 정도로 두드릴 것이며 일체 말은 하지 않는다.

3) 항문의 왼쪽을 수축시키면서 오른손 손바닥으로 왼쪽 허파를 두드린다. 이 동작은 가래를 제거해 주며 허파를 깨끗하게 하여 준다.

4. 간(肝)

1) 항문의 오른쪽을 수축시키면서 양손으로 에너지를 끌어올려 간으로 모은다.

2) 왼손 손바닥을 사용하여 오른쪽 갈비뼈 밑을 두드린다. 일체 말은 하지 않는다. 이 동작은 간의 탁기를 제거하는 데 도움이 된다.

5. 위장 · 췌장 · 비장

1) 항문의 중심을 수축시키면서 양손으로 에너지를 끌어올린다.

2) 항문의 왼쪽을 수축시키면서 췌장 · 비장 및 위장을 손바닥으로 문지른다. 한쪽 손바닥을 다른 손바닥 위에 대고 갈비뼈 밑을 문지른다. 오른쪽에서 왼쪽으로 문지르고 나서, 다시 왼쪽에서 오른쪽으로 문지른다(그림 10-3, 4).

6. 큰창자와 작은창자

1) 항문 전체를 수축시키면서 에너지를 양손으로 끌어올린다.

2) **작은창자** : 양손바닥을 겹쳐서 배꼽 주위를 작은 원을 그리면서 문지른다. 처음에는 시계 방향으로 문지르고, 다음에는 반대 방향으로 문지른다.

작은창자는 소화기관 가운데 가장 길이가 긴 관이다. 무턱대고 다이어트를 하거나 매운 음식이나 우유 제품을 너무 많이 먹거나 섬유질이 부족한 음식을 계속 먹거나 하는 것은 점액질을 분비시키게 만들며, 이 점액질이 창자의 벽에 들러붙어서 영양분의 흡수를 막고 소화 장애를 일으킨다. 점액질이 일단 생성되면 눈뭉치같이 계속 불어나서 결국은 소화기관의 원활한 기능을 방해하는 혹이 되고 만다.

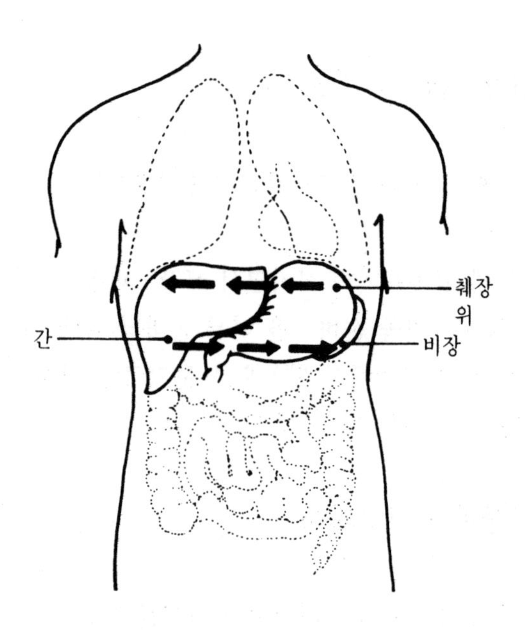

【그림 10-3】 위장 · 췌장 · 비장을 문지른다.

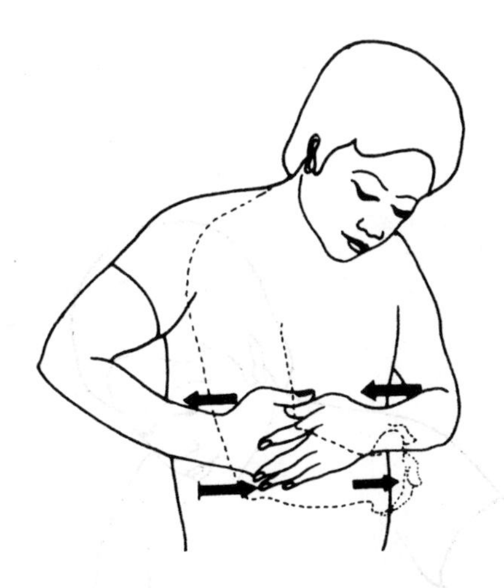

【그림 10-4】 간 · 위장 · 췌장을 좌우로 문지른다.

3) **큰창자** : 한쪽 손바닥을 다른 손바닥 위에 올려놓고 큰 원을 그리면서 배를 문지른다. 오른쪽 아랫부분에서 시작하여 시계 방향으로 문지른다(그림 10-5, 6).

이것은 창자 내의 에너지를 움직임으로써 변비를 제거해 준다. 설사가 있는 경우에는 시계 반대 방향으로 문질러 주며, 배변 상태가 정상인 사람은 양쪽 방향으로 다 문질러 준다.

이러한 동작은 창자벽의 영양분 흡수를 증진시키며 큰창자에 달라붙어 있는 점액질의 축적을 제거해 준다.

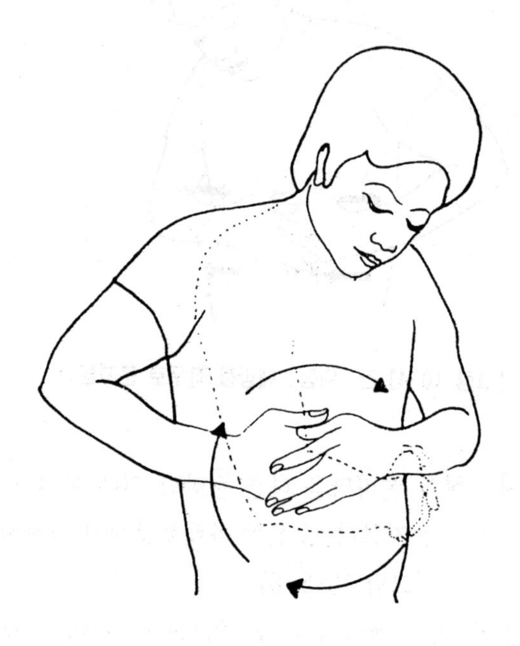

【그림 10-5】 배 마사지

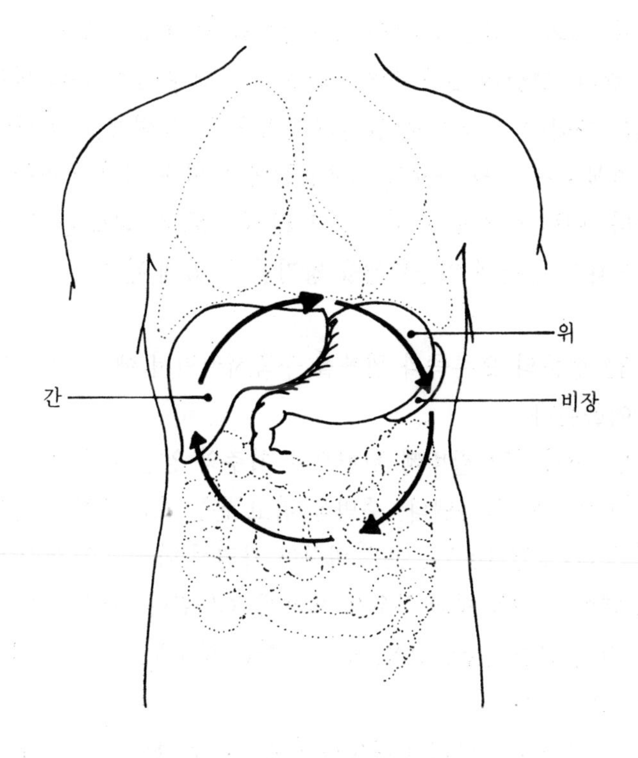

【그림 10-6】 시계 방향으로 문지른다.

7. 콩팥(신장 ; 腎臟)

두 개의 콩팥은 피에서 노폐물들을 걸러내는 것을 돕는 역할을 한다. 그런데 혈관 속에 노폐물들이 너무 많이 녹아 있는 경우에는 콩팥이 이를 모두 걸러내지 못한다. 그렇게 되면 남아 있는 노폐물들은 콩팥 자체의 미세관들에 쌓이게 되어 콩팥을 상하게 한다. 이럴 때 콩팥 부위를 두드려 줌으로써, 해로운 침전물들을 떨어내고 콩팥의 기능부전을 방지할 수 있게 된다.

1) 항문의 오른쪽과 왼쪽을 수축시키면서 에너지를 양손으로 끌어올린다.

2) 맨마지막 갈비뼈 뒤편으로 척추의 양옆에 위치해 있는 콩팥의 위치를 찾아낸다. 주먹을 쥐고 손등으로 콩팥 부위를 두드려 준다(그림 10-7). 손을 바꾸어 가면서 아픔을 느끼지 않는 한도 내에서 양쪽 콩팥 부위를 세차게 두드린다. 이 동작은 콩팥 속에 갇혀 있는 앙금, 결석, 또는 요산(尿酸)에 충격을 주어 떨어져 나오게 한다.

3) 양손을 문질러서 따뜻하게 한 뒤, 손바닥을 콩팥 위에 대고 따뜻하게 느껴질 때까지 아래위로 문질러 준다.

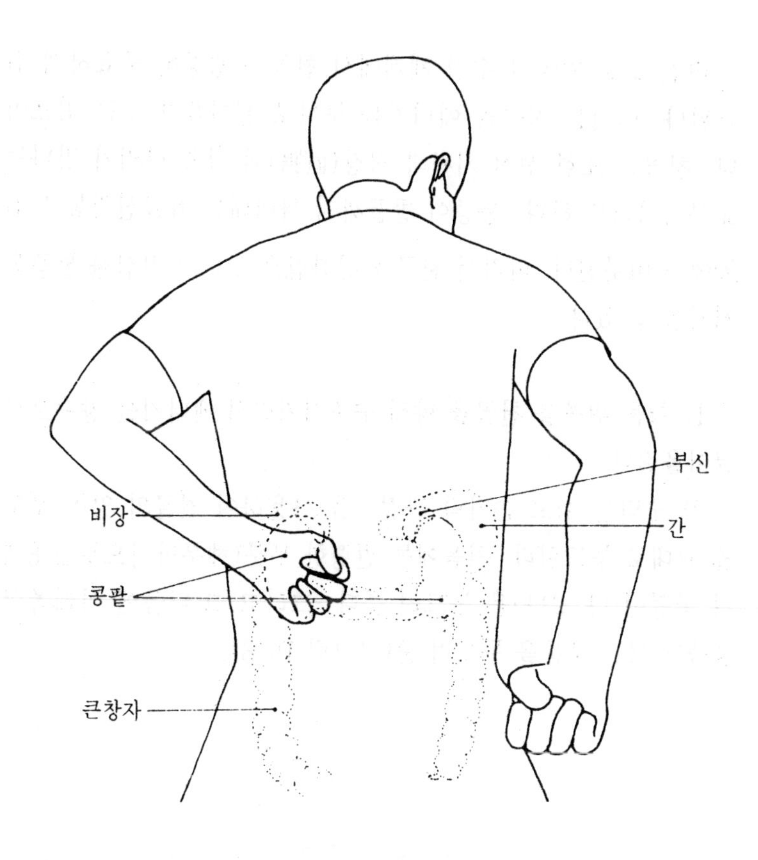

【그림 10-7】 콩팥을 두드려 주는 것은 해로운 침전물의 제거에 도움이 된다.

8. 천골(薦骨)

비전 도교 기공의 수련 체계에서 천골은 굉장히 중요하게 취급된다. 이것은 척수의 에너지를 두뇌로 끌어올려 주는 펌프이다. 천골은 또한 성적 기관과 직장(直腸)과 양쪽 다리가 만나는 교차점이기도 하다. 통증이 발끝까지 찔러대는 좌골신경통은 천골에서 비롯된다. 따라서 천골을 강화함으로써 그 격심한 통증을 제거할 수 있다.

1) 항문 뒤쪽을 천골을 향해 수축시키면서 에너지를 양손으로 끌어올린다.

2) 주먹을 쥐고 손가락 관절들을 사용하여 천골의 양쪽 부분을 교대로 두드린다. 처음에는 편평한 부분(해부학적으로는 8개의 구멍이 나 있다)을 두드려 준다. 그리고 그 다음엔 아래쪽의 움푹 들어간 부분을 두드려 준다(그림 10-8).

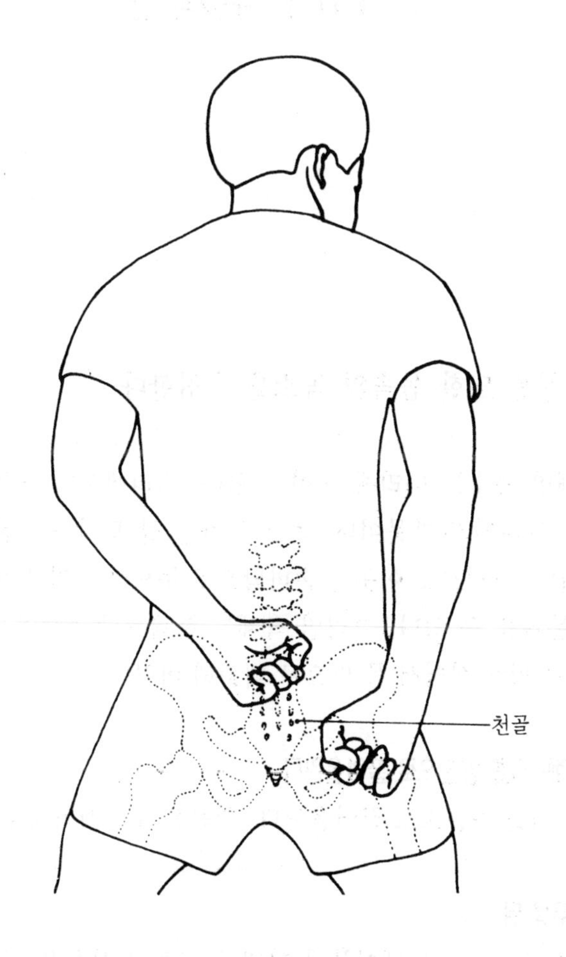

【그림 10-8】 천골을 두드려 줌으로써 좌골신경을 강화한다.

제 11 장 무릎과 발

1. 무릎 또한 몸속의 독소를 수집한다

유해한 독소는 다리에 모이기 쉽다. 다리에서는 중력 때문에 순환이 느려지기 때문이다. 독소가 가장 잘 모이는 부분은 무릎 뒤쪽이다. 그러므로 이곳을 손바닥으로 두드려 주면 유해한 독소들을 분쇄할 수 있다. 그러면 육체는 분쇄된 독소들을 소변, 대변, 또는 땀에 실어서 몸 밖으로 배출해 버린다.

1) 에너지를 양손으로 끌어올린다

에너지를 양손으로 끌어올린다. 항문은 수축시키지 않는다.

2) 무릎 뒤

의자, 또는 낮은 테이블에 다리를 걸치고 무릎을 곧게 편다. 그리고 무릎 뒤를 9~18번 세게 때린다(그림 11-1). 이렇게 하면 아프기는 하겠지만, 무릎 뒤에 모여 있는 독소들을 제거하는 데 비상한 효과가 있다. 보라색 반점이 나타나는 것을 통해서 독

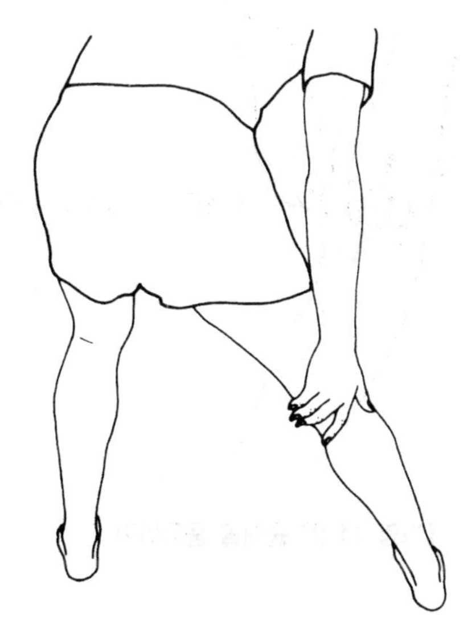

【그림 11-1】 무릎 뒤를 손바닥으로 세게 때린다.

소가 제거되는 것을 알 수 있다. 때로는 때리는 정도가 지나칠 수 도 있으므로 강도를 알맞게 조절하도록 한다. 다른 쪽 무릎에도 똑같이 반복한다.

3) 무릎관절(슬개골;膝蓋骨)

무릎관절이 따뜻해질 때까지 마사지한다. 이곳은 피가 별로 흐르지 않기 때문에 상당히 약해지기 쉬우며, 이 수련이 슬개골을 강화시켜 준다. 다른 쪽 슬개골도 마사지한다.

4) 슬개골 움직이기

슬개골에 힘을 빼고 손가락으로 잡고 위아래로 움직인다(그림

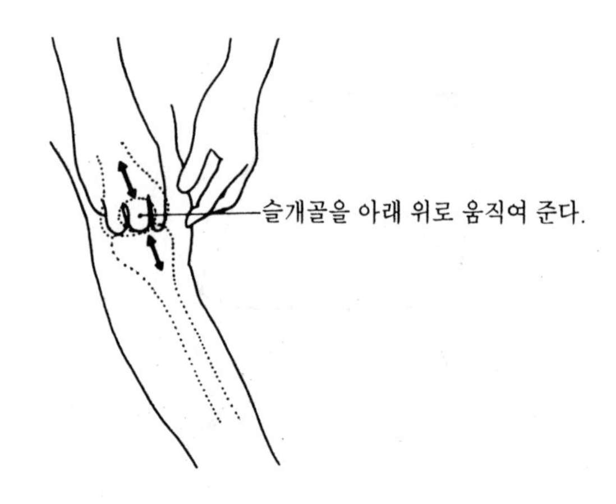

【그림 11-2】 슬개골 움직이기

11-2). 좌우로 움직이고, 시계 방향으로 돌려 준 후 반대 방향으로도 돌려 준다(그림 11-2).

5) 무릎 마사지

길을 가다가 넘어지는 경우가 있는데, 개중에는 무릎이 약하기 때문에 그런 일이 일어나는 경우도 종종 있다. 무릎 마사지를 하면 안정성과 유연성이 증대된다.

2. 발 : 신체의 뿌리

튼튼한 발과 힘줄은 인간을 대지의 치유 에너지와 연결시킴으로써 안정성을 증진시킨다. 발은 몸에 있는 장기들과 선들 및 관절들을 나타내는 거울이다(그림 11-3).

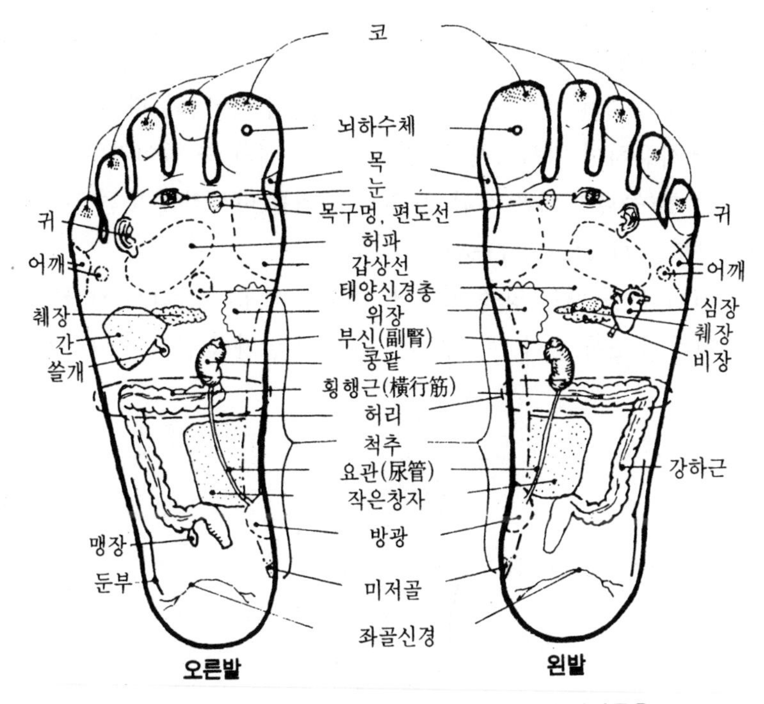

【그림 11-3】 발은 온몸의 장기들과 선들 및 관절들을 나타내는 거울이다.

발은 마치 리모컨과 같다. 따라서 발을 마사지하는 것은 장기들과 선들을 자극하는 것을 도와 주며 기혈의 순환을 촉진시킨다.

1) 에너지를 양손으로 끌어올린다

에너지를 양손으로 끌어올린다. 항문은 수축시키지 않는다.

2) 발의 마사지

신발과 양말을 벗고 두 발의 양끝을 엄지손가락과 다른 손가락들을 사용하여 마사지한다. 발바닥 가운데의 쑥 들어간 부분, 즉 용천혈(누르면 아픈 부위임)과 그 주위를 마사지해 주는 것을 명심하도록 한다(그림 11-4).

시간이 없을 때는 양쪽 발바닥 전체를 세게 문질러서 간단히 마사지해 주도록 한다. 한 쪽 발의 끝에서 발가락 끝까지 마사지

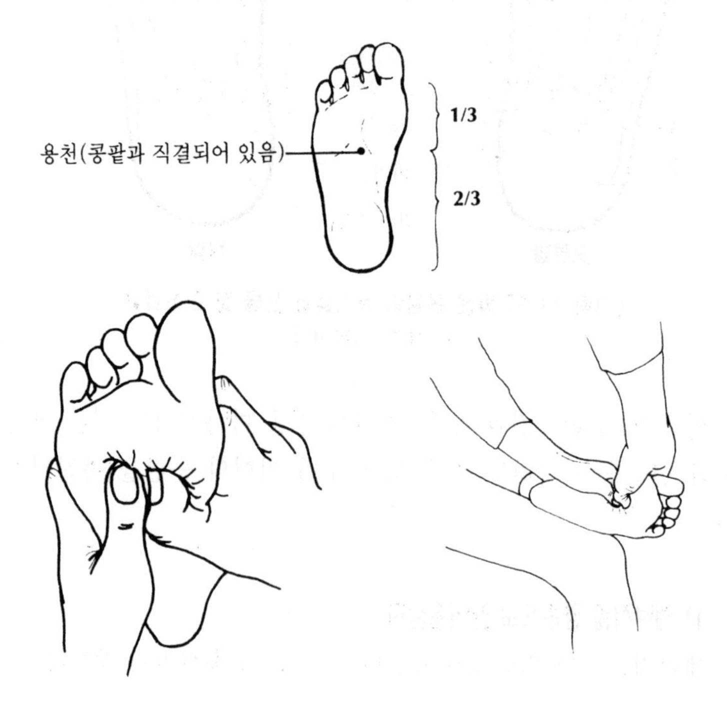

【그림 11-4】 용천혈(K-1)을 눌러 준다.

하고 난 다음 다른 쪽 발도 똑같이 한다.

발바닥에는 몸 전체에 대한 경락이 있다. 발을 마사지하는 도중 통증을 느끼는 부분이 있으면, 통증이 사라질 때까지 그 부분을 계속 마사지한다. 이렇게 하면 경락의 어떤 부위라도 다 뚫리게 마련이다.

3) 발가락을 벌린다

발가락들을 하나씩 펼쳐서 떼어 놓는다. 특히 새끼발가락을 잘 벌렸다가 놓아 준다. 이 동작을 6~9번 반복한다. 이 동작은 특히 발의 힘줄 운동에 도움이 된다(그림 11-5).

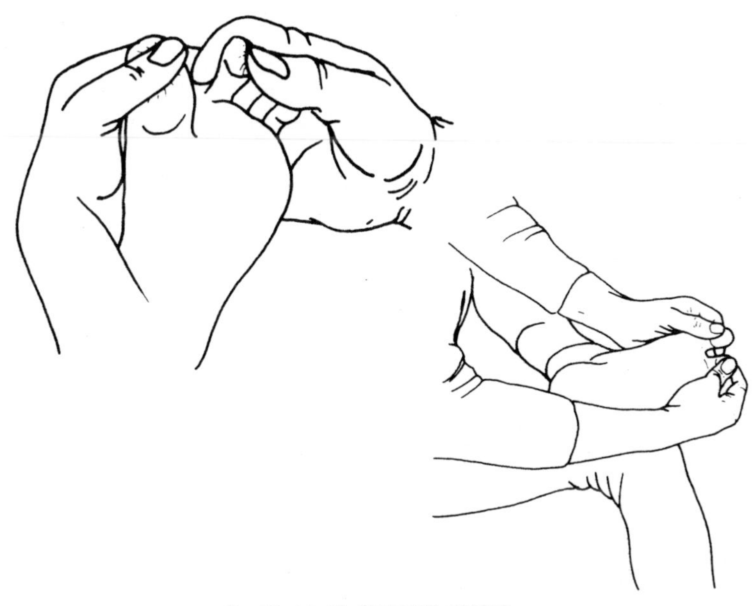

【그림 11-5】 발가락을 벌린다.

4) 엄지발가락과 검지발가락

엄지발가락과 검지발가락을 동시에 빨리 문지른다. 이것은 하루중 틈틈이 할 수 있는 좋은 수련법이다.

5) 두 발을 함께 문지른다

두 발을 함께 문질러 줌으로써 발을 따뜻하게 한다. 이 동작은 온몸의 장기들을 자극하여 피로를 풀어 준다.

제 12 장 변비

1. 변비 : 스트레스의 주원인

변비는 스트레스의 주된 원인이며, 건강의 열쇠는 깨끗한 내장을 유지하는 데 있다. 그런데 오늘날 우리가 살고 있는 콘크리트 정글, 그 속에서 우리가 먹는 가공된 음식들, 보다 적은 섬유질, 보다 많은 육류, 보다 적은 야채, 보다 덜 신선한 과일들과 채소들은 끊임없이 우리의 건강을 위협한다. 따라서 위장은 음식물을 소화시키기에 충분한 에너지를 갖지 못하고, 작은창자의 영양분 흡수는 느려지며, 큰창자와 직장은 노폐물을 밖으로 밀어내기에 충분한 압력을 갖추지 못하게 된다.

노폐물이 창자 내에 머물게 되면, 신체는 그곳에서 독소를 다시 흡수하게 된다. 이렇게 재흡수된 독소들은 우선 간에 대해 영향을 미치게 되며, 간은 독소들로 가득차게 됨으로써 분노 · 우울한 기분 · 초조감 등의 부정적 감정들을 만들어 내게 된다.

간 다음으로 독소의 영향을 받는 것이 피이다. 피는 노폐물들과 독소들로 가득차게 됨에 따라 다른 장기들의 기능을 교란시켜서 제대로 기능할 수 없게 만들 뿐 아니라 스트레스와 신경불안증의 원인이 된다.

2. 우유부단하고 폐쇄적인 성격

우유부단하고 폐쇄적인 성격의 사람들은 필요하지도 않은 모든 종류의 번민들을 항상 끌어안고 산다. 그들은 문제점들을 속으로 끌어안고 사는 까닭에 쉽게 감정적이 된다. 그런데 이런 성격은 장기간의 변비가 원인인 경우가 많다. 이를 극복하기 위해서는 그날 생긴 문제들을 그날 해결하려고 노력하고, 좋은 방법으로 그것들을 표현하려고 노력함으로써 장기 속에 갇혀 있는 에너지가 순조롭게 흐를 수 있도록 해야만 한다.

오늘날 많은 사람들이 입 밖으로 표현하는 방법을 배우고 있지만, 좋지 않은 방법으로 표현하고 있다. 따라서 이것은 더 많은 문제와 더 심한 변비를 초래할 뿐이다.

마음의 평화를 갖는 것만이 부드럽게 자신을 표현하고 문제점들을 순조롭게 해결하는 첩경이다.

3. 변비는 빨리 늙게 한다

몸속에 남아 있는 모든 독소는 온몸에 쌓이게 된다. 피부에 쌓이면 피부가 거칠어지고, 목과 어깨 부분에 쌓이면 두통과 견통을 가져오며, 다른 부분들에 있어서도 역시 마찬가지이다. 깨끗한 창자의 산뜻한 느낌은 에너지를 원활히 흐르도록 만들어 주

며, 당신의 하루를 즐겁고 활력있고 행복하게 만들어 준다.

4. 복부 마사지 : 놀라운 치유력

복부 마사지는 변비를 해결하기 위한 가장 좋은 방법 중 하나이다. 이 방법을 실행하는 초기에는 대변의 빛깔이 검은빛, 또는 잿빛인 것을 발견하게 되는데 이것은 창자 벽에 오랫동안 붙어 있던 숙변이 마침내 떨어져 나왔음을 의미한다.

화장실에 가야겠다고 느껴지면 참지 말고 가라. 사람들은 대개 변을 보고 싶은 느낌이 없어질 때까지 얼마 동안 참는 버릇이 있다. 그 결과 그들은 다음번, 또는 그 다음날까지 변을 참지 않으면 안 된다. 매일 통변하는 습관을 들여야 한다. 복부 마사지는 잠자기 직전이나 잠에서 깨어난 직후에 실행하면 된다. 일반적으로 아침에 복부 마사지를 하는 것은 시원한 통변에 도움이 된다.

1) 똑바로 누워서 잔다

얼굴을 위로 한 채 똑바로 누워서 발을 어깨넓이만큼 벌린 상태로 잠들도록 한다.

2) 양손이 따뜻해질 때까지 문지른다

양손을 문질러서 따뜻하게 한 다음, 큰창자와 직장 부위를 문지른다. 왼쪽 아랫부분에서 시작하여 서서히 위로 올라간 다음 오른쪽으로 가로질러서 옆으로 이동하여 오른쪽 아래로 내려간다(그림 12-1).

【그림 12-1】 복부 마사지.

9~18번 시계방향으로 마사지한다. 아픈 부위나 딱딱하게 뭉친 곳이 느껴지면 집중적으로 문질러 준다. 마음을 활용하여 큰창자의 움직임에 따라 에너지의 흐름을 유도한다.

3) 작은창자를 마사지한다

작은창자를 마사지하기 위해서는 복부 양쪽을 각각 세 부분으로 구분한 다음 왼쪽에서 오른쪽으로 이동하면서 차례로 마사지한다(그림 12-2). 중지와 검지를 사용하여 원을 그리면서 마사지하되, 위에서 아래로 마사지한 후 다음 선으로 이동한다. 3~9번 반복한다.

아픈 부위 또는 딱딱하게 뭉친 지점이 있으면 집중적으로 반복하여 문질러 준다. 만일 복부 수술을 한 적이 있으면 조심해야

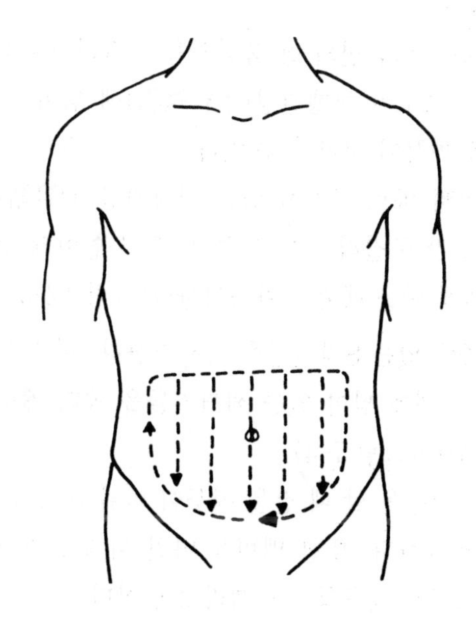

【그림 12-2】 작은창자를 마사지한다.

만 한다. 견딜 수 있을 정도까지만 마사지를 실시하며 결코 무리하지 않는다.

만일 잘 풀리지 않는 곳이 있으면 손바닥을 그 위에 댄 채 잠을 자도록 하라. 그러면 뭉친 부위가 서서히 부드러워질 뿐만 아니라 통증 또한 줄어들 것이다. 이것은 다음날 통변을 보다 쉽게 할 수 있는 비결이기도 하다.

5. 배변을 하면서 마사지한다

배변을 할 때 처음 힘을 주어 대변을 밀어내고 나면 자연히 힘

주는 것을 멈추고 다음번의 장 움직임을 기다리게 된다. 이때 배를 마사지해 줌으로써 하행결장(下行結腸)에 남아 있는 숙변이나 찌꺼기들을 깨끗이 밀어낼 수 있다.

오른쪽 엉치뼈 바로 근처에 있는 회장결장(回腸結腸) 부위를 시계 방향으로 잘 문질러 주도록 한다. 오른쪽 아래 코너에서 시작하여 갈비뼈에 닿을 때까지 마사지한다(그림 12-3).

골반의 왼쪽에 있는 S자결장을 마사지한다. 이 부분을 마사지하는 것은 창자 내에 남아 있는 찌꺼기들을 좀더 깨끗이 제거하는 데 도움이 된다(그림 7-4).

도가에서는 배변을 할 때 장을 깨끗이 비워 내기 위해 먼저 소변을 보라고 권유한다. 또한 배변을 마친 뒤에도 마지막으로 소변을 좀더 봄으로써 개운함을 느끼라고 말한다.

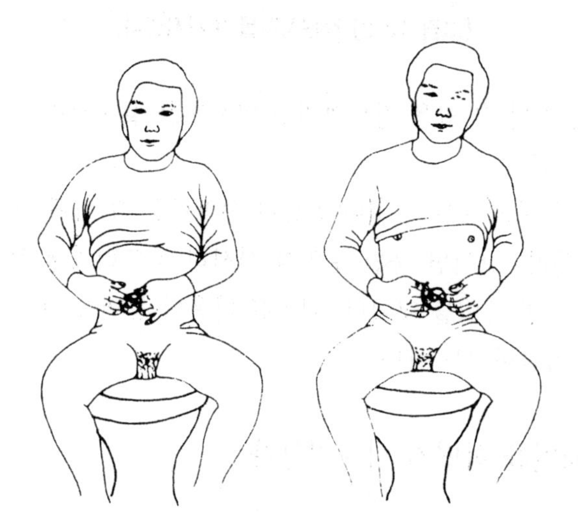

【그림 12-3】 배변을 하는 동안 복부 마사지를 해준다.

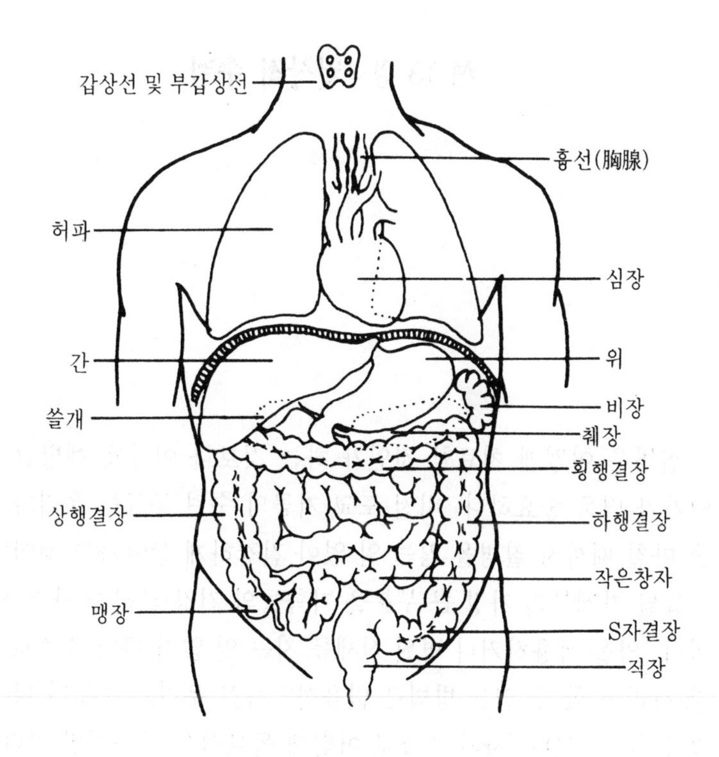

【그림 12-4】 S자결장을 마사지한다.

제 13 장 일상적 수련

질병은 어떻게 치료할 것인가 하는 것보다 어떻게 예방할 것인가가 더욱 중요하다. 비전 도교 기공의 수련 목표는 우리가 삶을 마칠 때까지 질병을 앓는 일 없이 건강하게 살아가는 것이다. 오늘날 가계부의 가장 큰 부분을 가족들의 건강 관리가 차지하고 있다. 약을 복용하거나 병원 신세를 지는 일 없이 자기 스스로 건강 관리를 할 수 있는 방법은 없을까? 사실 우리는 누구나 다 그렇게 할 수 있다. 자기 스스로 어떻게 돌보아야 하는지만 안다면 말이다.

비전 도교 기공은 수천 년 동안 그 효능를 입증해 왔다. 득도한 스승들은 이 수련을 높은 수준의 에너지를 유지하는 데 활용해 왔다. 부정적 감정을 긍정적 감정으로 바꿀 수만 있다면 당신은 스스로 자기 자신을 치유할 수 있는 능력을 갖게 된다. 만일 당신이 부정적 감정에서 벗어나기를 원한다면, 시간을 내어 비전 도교 기공의 수련을 시작할 필요가 있다. 즉 자신의 건강을 위해 투자를 하라는 것이다. 매일 수련하는 것을 습관으로 만들어라. 마치 이를 닦거나 밥을 먹는 것이 매일 매일의 삶에서 필수적인 것이듯 말이다.

결과에 대해 걱정하지 말고 단순히 당신에게 적합하다고 생각되는 것을 꾸준히 수련하기 바란다. 그러면 당신은 어느 날 문득 기적이 발생했음을 알게 될 것이다. 감기에 거의 걸리지 않게 될 것이며, 자주 치료를 받았던 의사의 이름이 가물가물하게 될 것이다. 당신의 약장은 텅빌 것이며, 예전의 어느 때보다도 건강해질 것이다. 또한 정서적 혼란을 덜 겪으면서도 더 많은 업무를 수행할 수 있게 될 것이다.

1. 아침에 워밍업을 하라

비전 도교 기공에서는 전통적으로 눈을 뜨기 전에 먼저 심장을 눈뜨게 한다(그림 13-1).

아침에 일어날 때는 잠자리에서 벌떡 일어나지 않으며, 눈을 뜨지도 않는다. 비전 도교 기공의 체계 내에서는 신체의 모든 기관들이 각기 영과 혼을 가지고 있다고 믿는다. 우리가 잠자고 있을 때 영과 혼도 역시 휴식을 취한다고 생각한다. 영과 혼이 깨어나는 데 시간이 걸리며, 만일 당신이 너무 서두르면 영과 혼이 상하게 된다. 뿐만아니라 너무 서두르면 장기들마저 해치게 된다. 그러나 아침에 워밍업을 제대로 하면 온종일 가뿐한 하루를 보낼 수 있다.

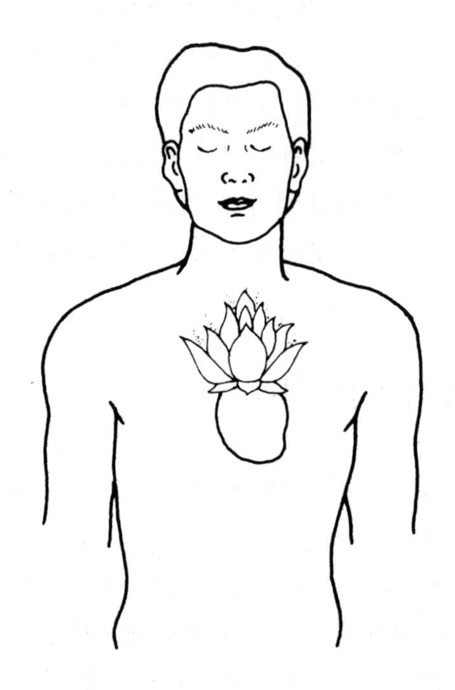

【그림 13-1】 눈을 뜨기 전에 먼저 심장을 눈뜨게 한다.

2. 매일 에너지의 수준을 점검하라

눈을 뜨지 말라. 양손을 포개서 손바닥을 배꼽 위에 얹는다(그림 13-2). 남자는 오른손 손바닥을 배꼽 위에 얹고 왼손 손바닥을 그 위에 얹으며, 여자는 그 반대이다. 배꼽이 따뜻해지는 것을 느낄 때까지 배꼽에 집중하라.

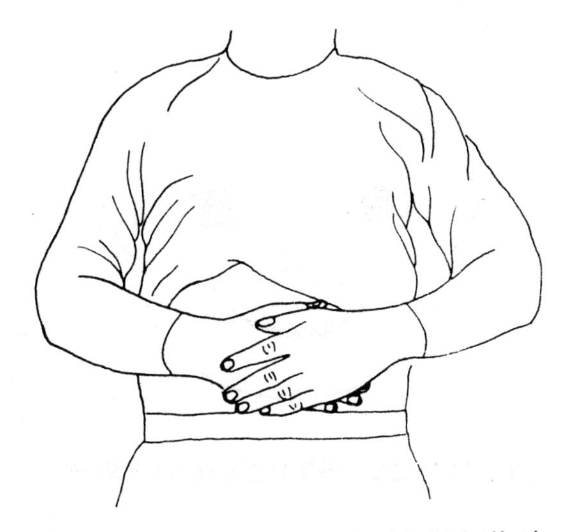

【그림 13-2】 양손을 포개서 손바닥을 배꼽 위에 얹는다.

3. 내면의 미소로부터 시작하라

그날 하루를 내면의 미소로 시작하라. 가능하면 내면의 미소와 접촉하라(그림 13-3). 그것이 흐르는 것을 느끼면서 그것을 안내하라. 얼굴에서부터 목으로, 심장과 허파와 간을 지나 콩팥·췌장·비장, 그리고 성기관까지 내려가라.

그들에게 미소 에너지를 보내면서 그것이 지나가는 부위를 자세히 느껴 보도록 하라.

통증이나 긴장이 느껴지는 부위가 있으면 그것들이 없어질 때까지 그 부위에 미소 에너지를 계속 보내도록 하라. 만일 어느 날 미소 에너지를 유통시키는 것이 힘들게 느껴지면, 그것은 당신의

【그림 13-3】 그날 하루를 내면의 미소로 시작하라.

에너지 수준들이 —— 그것이 육체적이든, 감정적이든, 지성적이든 —— 낮은 사이클에 와 있는 것이다. 그날은 매우 조심해야만 한다. 왜냐하면 에너지의 수준이 지나치게 낮아질 때는 당신 스스로 트러블에 말려들거나 뜻밖의 사고를 당하기 쉬운 까닭이다. 내면의 미소와 소주천 순환 명상을 잘 수련하게 되면 점차적으로 나아지게 된다. 그런 날은 시간을 좀더 들여서 미소 에너지가 증강되어 장기들을 평소보다 더 빠르게 유통하는 것을 느낄 수 있을 때까지 수련하도록 하라. 그렇게 함으로써 불행이나 사고를 미연에 방지할 수 있다.

4. 에너지가 차단된 부위를 찾아서 유통시켜라

장기들을 향하여 내면의 미소를 내려보낼 때 어떤 특정한 장기에서 장애나 막힌 것이 느껴지면 시간을 좀더 끌도록 하라. 에너지의 유통이 원활해지기 시작할 때까지 의식을 집중시키면서 미소 에너지를 내려보내도록 하라.

질병은 항상 어떤 장기나 내분비선, 또는 주요 경락에서 에너지의 흐름이 차단될 때 시작된다. 에너지가 주요 장기나 내분비선을 통해 흘러야 할 때 그곳이 차단되면 그 장기나 내분비선은 제대로 작용하지 못하게 된다.

어떤 의료 장비도 당신이 스스로 체크하는 것만큼 당신을 신속 정확히 체크할 수 없다. 의사가 당신에게서 질병을 발견했을 때는, 그 장기의 기능이 이미 10 % 정도밖에 기능을 발휘하지 못하고 있을 때일지도 모른다. 비전 도교 기공의 수련법을 통한 매일매일의 자가 점검이야말로 오랜 시간을 끌지 않고 항상 스스로를 교정하고 유지하며 강화시킬 수 있는 유일한 방법이다.

5. 어제 쌓인 독소를 제거하라

건강을 유지하는 데 있어서 가장 중요한 열쇠는 긴장과 스트레스와 독소들을 매일매일 제거하여 몸속에 쌓이지 않도록 하는 것이다(그림 13-4).

많은 사람들이 아침에 일어나는 것을 가장 힘들어 한다. 그들은 전신이 쑤시고 아픈 까닭에 상쾌하지 못한 기분으로 자리에서 일어난다. 이것은 체내에 너무 많은 독소들이 쌓인 결과이다.

복부 마사지는 그 독소들을 제거하기 위한 가장 좋은 방법이다. 복부 마사지는 에너지의 차단을 풀어 주면서 노폐물의 배설

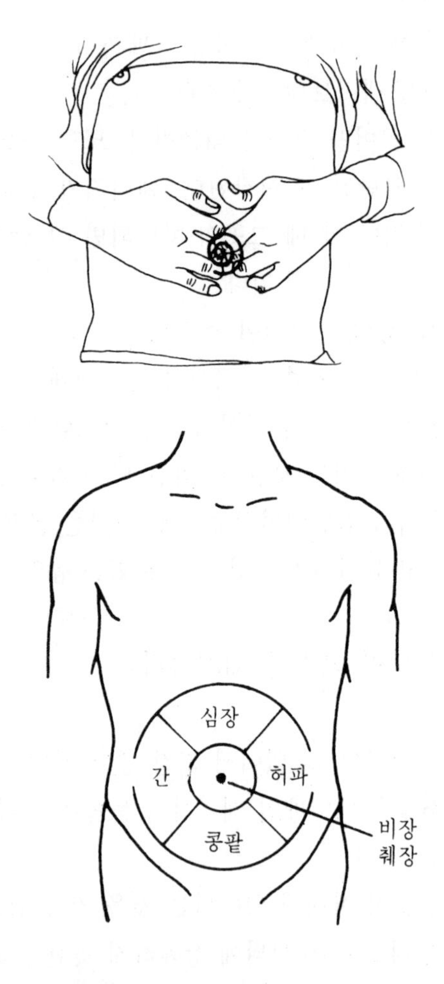

【그림 13-4】 건강을 유지하는 데 있어서 가장 중요한 열쇠는 긴장과 스트레스와 독소들을 매일매일 제거하는 것이다.

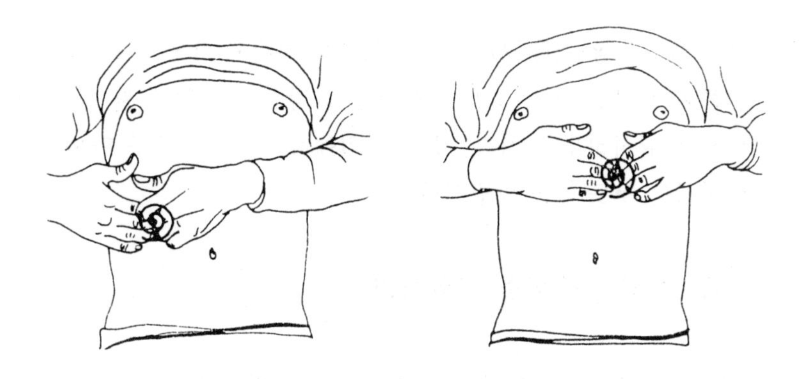

【그림 13-5】 배 주위를 마사지하라. 크거나 작게 뭉친 곳들이 느껴질 것이다.

을 돕는다. 처음 시작할 때는 아픈 부위를 건드리면 꼭 토할 것 같은 느낌이 드는 사람도 있다. 그러나 그것은 체내에 쌓였던 독소들이 제거되기 시작했으며 장기가 올바른 자리를 찾아서 다시 움직이기 시작했다는 징조이다. 조금도 염려할 필요가 없다.

위수술, 또는 장수술을 받은 적이 있는 사람은 복부 마사지를 할 때 조심해야만 한다. 만일 수술 부위에 통증이 느껴지면 손끝을 사용하지 말고 손바닥을 사용하기 바란다. 배 주위를 마사지하는 도중 크거나 작은 혹 같은 것들이 느껴질 수도 있는데, 그것은 숙변이 굳어진 채 창자 벽에 남아 있는 것이다(그림 13-5).

마사지를 하여 그 부분을 풀어 주면, 숙변이 이동하여 결장으로 자리를 옮길 것이다. 에너지가 약하면서도 복부 운동을 하지 않는 사람들은 대변을 상행결장을 통해 밀어올리거나 직장으로 밀어낼 수 있는 충분한 에너지를 갖고 있지 않다.

변비는 에너지의 흐름을 차단하여 등줄기의 통증 · 두통 · 위통, 그리고 장암(腸癌) 등을 일으키는 첫번째 요인이다. 아침에 충분한 시간을 내지 못하는 사람은 화장실에 앉았을 때 복부 마사지를 실시하도록 하라. 또 잠자리에 들기 전에 복부 마사지를 실시하는 것도 좋은 방법이다.

6. 다리의 순환을 강화하라

우리가 잠을 자고 있는 동안에는 생체 에너지의 흐름이나 혈액의 순환이 느려진다. 심장으로부터 가장 멀리 떨어져 있는 다리는 특히 그러하며, 독소들이 다리와 발에 쌓이기 시작한다. 따라서 이 부위를 마사지해 주는 것은 긴장과 스트레스, 그리고 독소들을 제거하는 데 도움을 준다.

이미 말한 것처럼 발은 신체의 장기들과 분비선들에 연결된 리모컨과 다름없다. 그러므로 발을 마사지해 줌으로써 장기들과 분비선들을 자극할 수가 있다. 또한 발들은 두 경락의 시작과 끝이다. 발의 바깥쪽은 중추적 독소 해소 기능을 가진 간과 연결되어 있으므로 이것이 기능을 발휘하기 시작하면 다리와 무릎 뒤에 쌓였던 독소들이 제거된다. 발의 안쪽은 면역 체계와 소화를 돕는 지라(비장 ; 脾臟)와 연결되어 있다.

※ **수련** : 편안히 누운 상태에서 엄지발가락과 검지발가락을 서로 앞뒤로 엇갈려 비비도록 한다. 20~30번 실시한다. 그러면서 에너지와 혈액의 순환이 증진되는 것을 느껴 보도록 한다(그림 13-6). 양쪽 발을 동시에 실시한다. 이 수련법은 정맥과 동맥

【그림 13-6】 엄지발가락과 검지발가락을 움직여서 서로 앞뒤로 엇갈려 비빈다.

의 경화를 막는 데 도움이 된다.

7. 정맥의 순환을 활성화하라(그림 13-7)

정맥은 온몸으로 나갔던 혈액이 심장으로 되돌아오는 귀환로이다. 혈액이 응고되어 순환 장애가 일어나는 제일 보편적인 곳이 바로 발의 정맥이다. 굽이 높은 구두나, 꽉 끼는 신, 또는 불편한 걸음걸이가 혈액의 흐름을 방해한다.

※ 남자의 경우 : 오른발부터 시작한다.

다리를 뻗고 누운 상태에서 발의 앞쪽 끝을 위장을 향해 당기면서 발 뒤축은 힘을 주어 편다. 그 상태를 한동안 유지한 후 몸의 긴장을 푼다.

※ 여자의 경우 : 왼발부터 시작한다.

수련하는 도중 쥐가 나면, 발을 끌어당겨서 손가락으로 발가락을 앞뒤로 잘 움직여 준다.

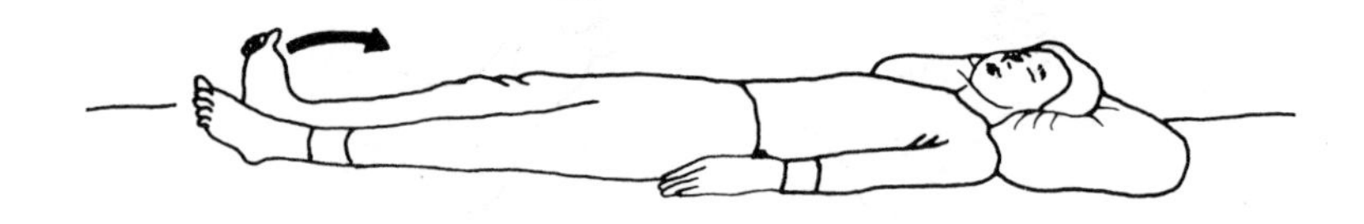

【그림 13-7】 정맥의 순환을 강화시킨다.

8. 힘줄들을 펴 주어라

잠자고 있을 때 힘줄들은 휴식 상태에 있기 때문에 늘어나 있지 않다. 따라서 우리가 잠자리에서 일어날 때 몸이 굳은 것을 느끼게 되며, 움직이거나 굽히기에 힘이 든다. 힘줄을 펴는 방법에는 수천 가지가 있으며, 힘줄을 펴는 데만 해도 수많은 시간을 소비하게 된다. 그러나 몇 가지의 올바른 방법만 실행하면 모든 힘줄들을 펼 수 있으므로 시간을 절약할 수 있게 된다.

발과 발가락, 그리고 손과 손가락들은 모든 힘줄들과 인대들이 만나는 말초의 끝부분이다. 우리가 몸이 뻔뻔함을 느낄 때, 몸의 경직은 말초에서부터 시작된다. 경직이 시작되는 또 다른 부분은 척수인데, 이것은 그 부위에 많은 힘줄들과 인대들이 연결되어 있기 때문이다. 그리고 모든 힘줄의 말초이며 주연결원이기도 한 것이 바로 혀이다.

혀를 수련하는 방법은 다음과 같다.

1) 똑바로 누운 상태에서 등을 활처럼 굽히면서 손과 손가락

들을 뻗어서 발과 발가락들을 펴준다(그림 13-8). 손가락들과 발가락들을 최대한 벌려서 펴주면서 복식호흡을 시작한다. 숨을 토하면서 배를 끌여당겨 척추에 닿을 정도로 납작하게 한다. 숨을 들이쉴 때는 배가 완전히 불룩해지게 한다. 10~15번 실시하면서 점차 속도를 빠르게 한다. 마지막으로 숨을 내쉴 때, 길게 내쉬면서 턱을 향해 혀를 최대한 길게 내민다(그림 13-9). 이때 시선은 코끝을 바라본다. 이 동작을 2~3번 반복한다.

동작들을 끝낸 뒤 모든 근육의 긴장을 완전히 풀고 몸 전체를 통해서 에너지가 흐르는 것을 느껴 본다.

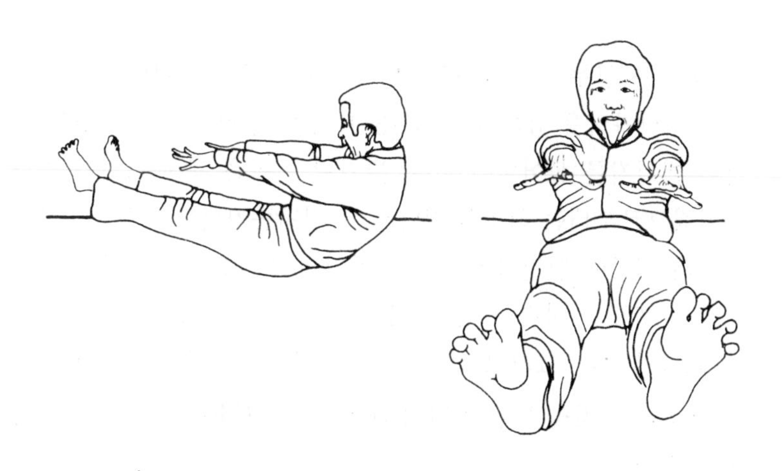

【그림 13-8】 똑바로 누운 상태에서 등을 활처럼 굽히면서 손과 발을 곧게 펴 준다.

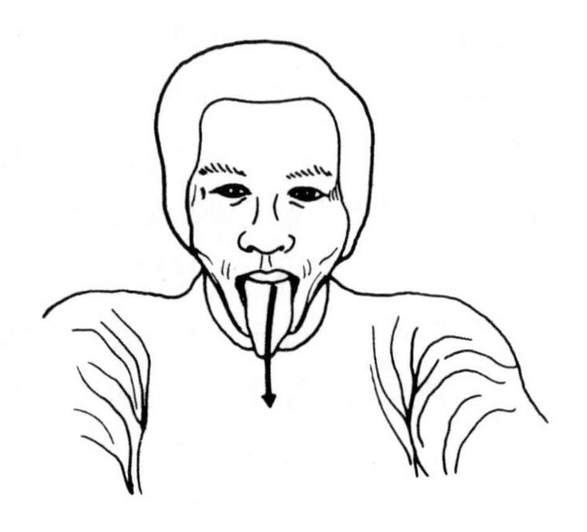

【그림 13-9】 혀를 최대한 길게 내민다.

2) 몸을 구부려서 양손의 엄지손가락과 검지손가락으로 양발의 엄지발가락을 잡는다(그림 13-10). 이 동작은 간과 비장의 경락에 에너지를 불어넣어 준다. 발가락을 잡은 채 에너지가 엄지손가락으로부터는 허파의 경락으로, 검지손가락으로부터는 간과 비장의 경락에 연결되어 있는 큰창자의 경락으로 흘러 들어가는 것을 느끼도록 한다(그림 13-11). 서서히 호흡을 시작한다. 처음에는 천천히, 그리고 점차 속도를 빠르게 하여 힘줄들과 척수가 긴장하는 것을 느낄 때까지 계속한다. 그러고 나서 잡은 것을 풀어 준다.

동작이 끝나면 다리를 흔들어 주고 유연해지도록 몇 차례 두드려 준다. 손이 발에 닿는 것이 힘들면, 무릎 뒤나 장딴지, 또는 발목을 잡아도 상관없다. 이 동작은 방광 · 허파 및 큰창자에 관련된 경락들의 작용을 활성화하고 증진시켜 준다(그림13-12).

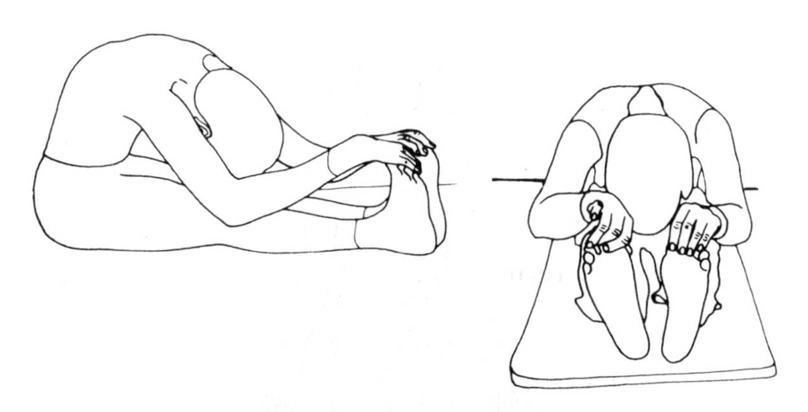

【그림 13-10】 허리를 굽혀서 엄지발가락을 잡는다.

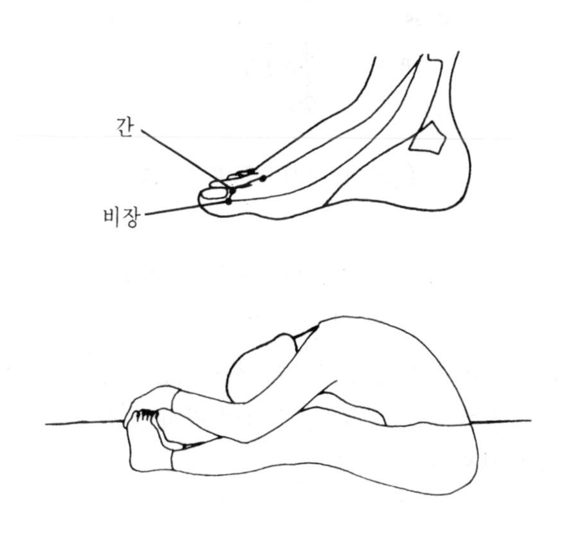

【그림 13-11】 에너지가 흘러 들어가는 것을 느껴 본다.

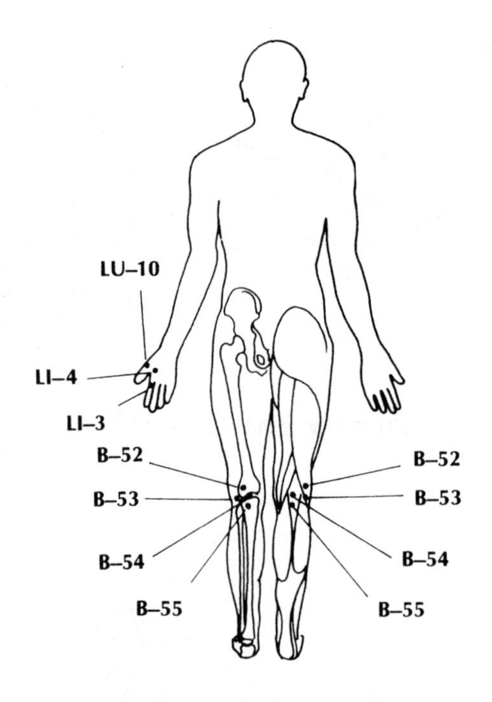

【그림 13-12】 다리의 경락들.

좀더 굽힐 수 있게 되면, 발목 쪽으로 손을 옮겨 잡으면 된다. 이곳은 방광 · 위 · 간 및 비장의 경락들이 통과하는 지점이다. 발목을 잡고 손의 온기가 경락들에 전달되는 것을 느껴 보도록 한다. 거기에서 좀더 굽힐 수 있게 되면 발바닥 중심에 위치한 용천혈(K-1) 부근을 잡도록 한다.

9. 목과 척추의 힘줄들을 펴 주어라

목과 척추의 힘줄들을 펴 주기 위해서는 앞에서와 마찬가지로 허리를 굽혀서 발을 잡도록 한다. 그러나 이번에는 머리를 무릎에 닿게 하는 대신 고개를 들고 천장을 바라보면서 척추의 온마디들이 펴지는 것을 느끼도록 한다(그림 13-13).

천천히 몸을 일으킨다. 일어설 준비가 되었을 때 몸을 약간 왼쪽으로 회전시키면서 일어선다.

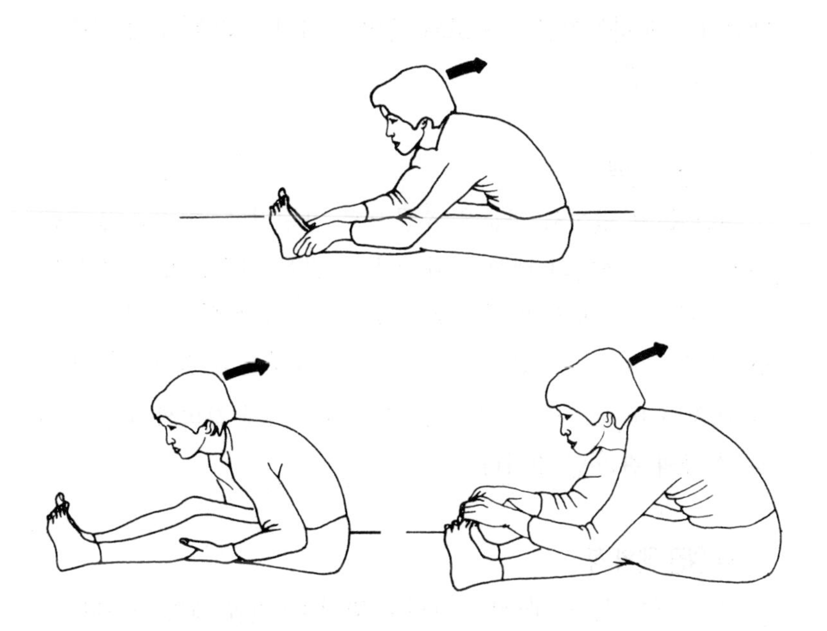

【그림 13-13】 고개를 들고 천장을 바라본다.

10. 아홉 개의 구멍을 깨끗이 하라

우리 몸에는 두 개의 문과 일곱 개의 창이 있는데, 이것들이 바로 우리 몸이 외부 세계와 접촉하는 구멍들이다. 이 구멍들은 많은 오염 물질들을 불러들이거나 차단하는 것이 가능하다.

1) 정문 ; 성기

우리 몸에 있어서 성기는 정문으로 간주된다. 이것은 창조적 생명력을 지닌 성에너지를 위한 문이다. 이것을 어떻게 조절하고 단단하게 봉하는가를 앎으로써 생명 에너지를 더욱 오래 지속시킬 수 있게 된다.

2) 후문 ; 항문

우리 몸에 있어서 항문은 후문으로 간주된다. 이것은 소화를 마치고 난 찌꺼기의 배설을 관장한다. 많은 사람들이 무엇을 먹어야 하는지 잘 모르기 때문에 그들의 몸은 음식으로부터 제대로 영양분을 흡수할 수 없다. 그들은 결국 대부분의 영양분을 변기에 빼앗겨 버리고 만다. 즉 그들의 집에서 가장 값비싼 물건이 바로 '황금의 변기'인 것이다.

3) 일곱 개의 창

두 눈, 두 귀, 두 콧구멍, 그리고 입이 곧 일곱 개의 창이다. 이 창들은 외부의 정보들을 받아들이고 전달하는 중요한 역할을 담당한다. 만일 창들이 더럽거나 능력이 부족하면 정보를 잘 받아들이지 못하게 될 것이며 몸속의 생명 에너지가 밖으로 빠져나가는 것을 막지도 못할 것이다.

우리는 이 창들을 몸속에 있는 장기들의 입구로 간주한다. 즉 눈은 간의 입구이며, 귀는 콩팥의 입구이며, 코는 허파의 입구이며, 입은 비장의 입구이며, 혀는 심장의 입구인 것이다.

4) 큰창자의 정기적 세척

매일 규칙적으로 대변을 보는 것은 몸속에 쌓인 노폐물을 제거한다는 면에서 대단히 중요한 일이다. 대변을 마친 뒤에는 물을 사용하여 깨끗이 항문을 씻도록 한다. 만일 그렇게 하는 것이 불편하다면 물에 적신 화장지를 사용하여 잘 닦아 주도록 한다. 그러고 나서 꼬리뼈〔尾骨〕와 항문을 마사지한다.

항문 근처에는 많은 동맥과 정맥이 있는데, 이것들은 쉽게 딱딱해져서 치질이 되어 버린다. 항문 전체를 50~100번 마사지한다. 이것은 치질의 방지 또는 치료에 큰 도움이 된다. 또한 동시에 지체 부위에 쌓인 독소들이 있으면 그것들을 제거하는 데도 도움이 된다. 배설을 제대로 하는 방법을 아는 것 역시 어떻게 먹느냐 하는 것을 아는 것과 마찬가지로 매우 중요한 일이다.

11. 얼굴 부위를 깨끗이 하라

1) 눈

대개 우리는 우리와 밀접한 것들, 즉 물이나 공기, 또는 얼굴이나 눈에 대해서 별로 주의를 기울이지 않는다. 또한 누구나 얼굴은 잘 씻지만 눈을 씻는 경우는 별로 없다.

하루 종일 밖에서 일을 하고 나면, 아주 작은 먼지 조각들과 여러 종류의 섬유질들이 눈 속으로 들어가게 되고 눈물샘을 엉기게 만든다. 그러므로 눈물샘을 닦아 주어야만 한다.

눈을 차가운 생수, 또는 끓인 물로 깨끗이 씻는다. 얼굴을 잠글 수 있을 만한 크기의 용기를 사용한다. 물 속에서 눈을 뜨고 눈동자를 이리저리 돌린다(그림 13-14). 이렇게 함으로써 모든 먼지와 이물질들을 빼내는 것이다.

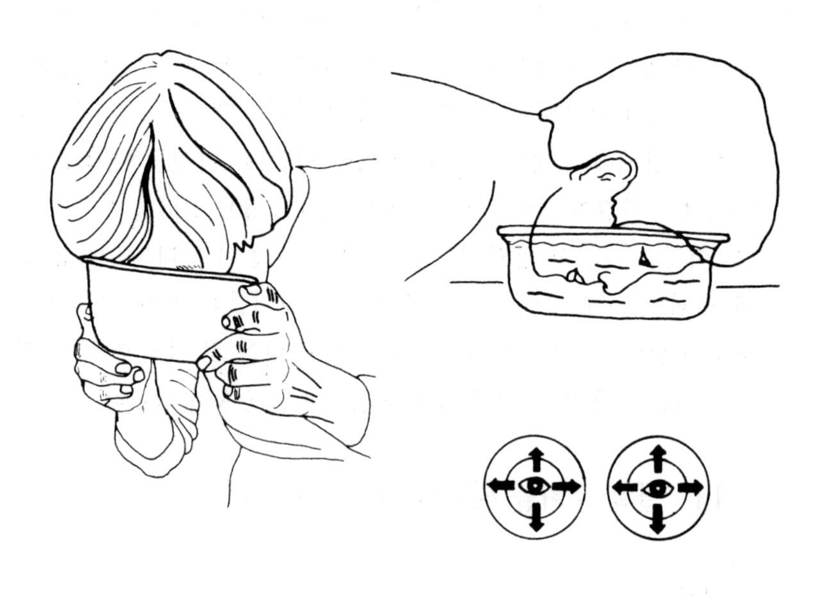

【그림 13-14】 물 속에서 눈을 뜨고 눈동자를 이리저리 돌린다.

2) 코

코는 대기중의 생명력이 체내로 들어오는 통로이다. 그러므로 강하고 건강한 코는 활력의 열쇠이다.

눈을 씻은 직후 용기에 새로 물을 받는다. 물 속에 코와 얼굴을 잠그고 적당한 만큼 숨을 들이쉬었다가 내쉰다. 이때 너무 깊이 숨을 들이쉬면 재채기를 하게 되므로 주의해야 한다. 그러나 차츰 숙달될수록 물이 코로 들어갔다가 입으로 나오게 된다. 양쪽 콧구멍을 동시에 사용하기 힘들면, 손가락으로 오른쪽 콧구멍을 막고 왼쪽을 세척한다. 그러고 나서 왼쪽 콧구멍을 막고 오른쪽 콧구멍을 세척한다.

【그림 13-15】 굵은 소금으로 이와 잇몸을 닦아 준다.

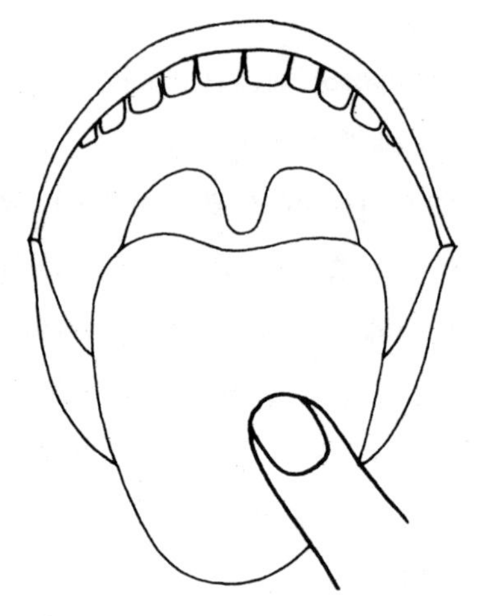

【그림 13-16】 손가락이나 혀누르개로 혀를 마사지한다.

3) 이

굵은 소금으로 이와 잇몸을 닦아 주는 것은 매우 유익하다(그림 13-15). 손가락에 소금을 묻혀서 이와 잇몸을 문지른다. 손가락을 깨끗이 씻고 손톱은 알맞게 깎은 상태라야만 한다. 잇몸 안팎을 정성스레 문지르고 닦아 준다. 약한 잇몸은 충치의 원인이 된다. 시간이 있을 때마다 이와 잇몸을 굵은 소금으로 닦아 준다. 이때 혀를 마사지하는 것 또한 매우 중요하다(그림 13-16).

제9장의 혀운동 부분을 참조하기 바란다.

4) 귀

귀의 청결을 유지하고 마사지하는 것은 당신을 보다 예민하게 해 주고 청력의 손실을 막아 준다. 깨끗한 물수건으로 귓바퀴와

귓속은 물론 귀 전체를 문지르고 마사지한다.

제9장의 귀운동 부분을 참조하기 바란다.

5) 목

깨끗한 물수건으로 목을 문지른다. 목에서 열이 나고 목 안으로 에너지가 흐르는 것을 느낄 수 있을 때까지 계속한다. 목은 나이를 드러낸다. 주름진 목은 당신을 좀더 늙어 보이게 한다.

6) 머리

두피를 마사지하고 빗으로 머리를 빗는 데 시간을 들이도록 하라. 그것은 의외로 즐거운 시간이 될 수 있다.

12. 발을 마사지하라

마른 수건을 이용하여 발을 주무르고 마사지한다. 발이 따뜻해지고 에너지가 흐르는 것을 느낄 때까지 계속한다.

13. 거울 속의 자신을 바라보라

머리를 빗을 때 우리는 흔히 거울을 사용한다. 여성들은 화장을 하는 데 주로 거울을 사용하지만 비전 도교 기공의 수련 체계에서는 자신의 성격 · 인간성, 그리고 미래를 보기 위해서 거울을 사용한다.

우리는 오늘 무슨 일이 생길 것인가 하는 것과 어떻게 하루를 보낼 것인가 하는 것을 거울을 통해서 볼 수 있다. 미래를 예견한다는 것은 쉽지 않다. 배우는 데도 시간이 걸린다. 그러나 우리가 육체적으로나 감정적으로 얼마나 행복한지, 신체의 장기에 무슨 이상이 있는지, 그리고 감각적으로 무엇이 잘못되었는지 거울 속에서 볼 수 있다.

얼굴과 감각기관들은 속에 있는 것을 겉으로 드러낸다. 거울 속에서 늙어 보이는 당신을 발견하게 되면 스스로를 위해서 뭔가를 하도록 자극받게 될는지도 모른다.

거울을 통해서 당신의 얼굴을 바라보라. 그 얼굴이 교만하거나 화가 나 있거나 슬프거나 침울하거나 겁에 질려 있을 것이다. 그렇다면 행복하고 즐겁고 미소띤 얼굴로 바꿀 필요가 있다.

입 가장자리를 바라보라. 만일 그것이 처져 있으면, 위로 올라가도록 마사지하라. 손을 비벼서 따뜻하게 한 다음 얼굴 마사지를 실시한다.

14. 아침에 깨끗한 물을 마셔라

아침 식사를 하기 1~2시간 전에 깨끗한 물을 마시는 것은 신체를 정화하고 질병을 예방하는 데 있어서 아주 좋은 방법이다. 물은 몸속의 소화기관에 남아 있는 오물과 독소의 세척을 도와준다. 아침은 그 일을 하기에 제일 좋은 때이다.

깨끗한 물을 마셔라. 경우에 따라서는 물을 끓이는 것이 필요할 수도 있다. 2~4컵의 물을 마셔라. 처음에는 물을 많이 마시기가 힘들지 모른다. 마시고 나면 걷든지, 뛰든지, 점프를 하든지, 어쨌든 움직이도록 하라. 그러고 나서 복부 마사지를 행함으로써 마신 물이 창자 내의 독소와 점액질들을 씻어내어 대변과 소변을 통해 배설될 수 있도록 하라.

식후, 또는 잠자리에 들기 전에는 물을 마시지 말라. 밤중에 물을 마시는 것은 당신을 밤중에 일어나게 만들 것이다.

15. 당신의 시간을 활용하라

1) 수련할 시간은 얼마든지 있다

일단 기본적 수련 방법을 배우고 나면, 평상시에 이를 행하는 데 불과 10분 정도밖에 걸리지 않는다. 만일 시간에 쫓길 때는 몇 가지의 수련만을 행하라.

수련할 마음만 있다면 하루 중 수련할 수 있는 시간은 얼마든지 있다. 통근 버스를 타기 위해 줄을 서 있을 때, 사람을 기다릴 때, 차 안에 앉아 있거나 운전할 때, 또는 신문이나 잡지를 읽을 때 등 자투리 시간을 이용하여 손가락 마사지를 해주는 것도 좋은 방법의 하나이다. 이처럼 간단한 방법이 당신의 건강을 증진시키는 데 큰 도움을 준다.

2) 운전중의 졸음

운전중에 졸음이 오면 잇몸 두드리기를 실시한다. 이것은 졸음을 쫓는 데 있어서 큰 도움이 된다. 목을 긴장시키기 위해 어깨를 끌어올린다든지, 콩팥에 생기를 불어넣기 위해 항문을 수축시킨다든지, 혈액 순환을 촉진시키기 위해 새끼손가락으로 운전대를 꽉 잡는다든지 하는 것도 역시 큰 도움이 된다. 특히 장거리 운전을 할 때는 이런 방법들을 꼭 알아두는 것이 좋다.

3) 컴퓨터 앞, 또는 책상 앞의 사람들

이런 사람들의 경우에는 눈과 목, 그리고 콩팥을 위한 수련이 특히 필요하다. 앉아서 사무를 보거나 컴퓨터 화면을 너무 오래 들여다보고 있으면 눈이 굉장히 피로해진다. 매 1~2시간마다 눈을 감고 안구를 마사지해 주면서 눈을 전후 좌우로 돌려 줌으로써 피로를 풀어 준다.

또 너무 오래 앉아 있을 경우에는 콩팥과 천골 부위를 두드려 주는 것도 좋다. 이것은 매우 훌륭한 운동법이다.

4) TV 시청

많은 사람들이 TV를 보는 데 많은 시간을 허비한다. 당신은 TV를 보면서도 얼마든지 시간을 활용할 수 있다. 손과 발을 가볍게 마사지해 주기 바란다.

5) 여성들의 부츠

젊은 여성들은 겨울에 목이 긴 부츠를 즐겨 신는 경향이 있다. 그러나 이것은 신선한 공기가 통하지 않기 때문에 발의 호흡을 어렵게 만든다. 가끔 부츠를 벗고 발을 마사지해 주도록 한다.

6) 잠자리에 들기 전

잠자리에 들기 전에는 발을 뜨거운 물에 5~10분 동안 담갔다가 물기를 말끔히 닦아 준다. 그러고 나서 발이 뜨거워질 때까지 문질러 주고 치유 육성을 순서대로 세 번씩 낸다.

16. 출퇴근시의 수련

우리는 날이 갈수록 점점 더 많은 시간을 교통 수단을 이용하는 데 빼앗긴다. 자동차 · 버스 · 지하철 등을 타는 데뿐만 아니라 그것들을 기다리는 데도 많은 시간을 허비하게 된다. 우리는 이런 시간의 공백들을 활용하여 수련할 수 있으며, 자신에게 활력을 불어 넣을 수 있다.

1) 차를 운전할 때는 시선을 빼앗기거나 도로에 대한 주의를 흐뜨러뜨릴 수 있는 수련은 절대 삼간다.

2) 항상 목이 긴장되게 마련이므로 목이 뻣뻣해지면 목운동을 실시한다. 숨을 들여마시면서 어깨를 목 쪽으로 끌어올려 목의 양옆을 눌러 준 다음 양쪽 견갑골(肩胛骨)을 뒤로 당겨 몇 초 동안 척추와 어깨의 근육들을 긴장시켰다가 숨을 내쉬면서 어깨를 내린다.

3) 손으로 좌석을 잡고 등을 앞쪽으로 굽혀서 몸을 공처럼 둥글게 만든다. 턱을 가슴에 붙이고 골반과 천골은 안으로 밀어넣듯이 한다. 등의 근육, 특히 콩팥 주위의 근육을 잠시 팽팽하게 하였다가 풀어 준다. 이렇게 하면 기분좋고 신선한 에너지가 백회로부터 임맥을 통해 흘러 내려오는 것을 느낄 것이다. 척추는 언제나 느슨하게 긴장이 풀려 있어야만 한다. 에너지가 막힘없이

흐르도록 하라.

4) 양손을 손바닥을 위로 오게 하여 그 위에 깔고앉는다. 그러면 온몸의 활력이 새롭게 느껴질 것이다. 손바닥과 손가락들로부터 에너지가 엉덩이에서 등뼈의 끝부분을 뜨겁게 해 주는 것을 느껴 본다. 잠깐 동안에 신선한 기분을 갖게 될 것이다.

5) 손가락을 쥐는 것은 걱정 · 두려움 · 분노 등과 같은 부정적 감정들의 해소에 도움이 된다.

6) 이를 청결하게 하고 잇몸을 두드려 주는 것은 마음을 맑게 하는 데 있어서 굉장한 도움이 된다. 활기가 없고 졸리거나 제대로 생각을 할 수 없을 때는 잇몸을 두드려 주거나 이를 닦아 보기 바란다.

7) 항문의 각기 다른 부분들을 수축시킴으로써 장기들을 자극한다. 몹시 지쳤거나 피곤할 때는 항문의 왼쪽과 오른쪽을 수축시키고 콩팥 주위의 에너지를 감싸 준다. 이것은 독소를 제거하는 콩팥의 기능을 증강시켜 주며 보다 많은 생명 에너지를 얻는 데 도움을 준다.

간을 자극하기 위해서는 항문의 오른쪽을 수축시킨다. 이것이 당신에게 활력을 주며 보다 쉽게 의사 결정을 할 수 있게 해준다. 항문의 양쪽을 수축시키면서 허파 주위의 에너지를 감싸도록 하라.

17. 잠자는 자세

1) 변비 증세가 있을 때는 잠들기 전에 복부 마사지를 한동안

실시한다.

2) 똑바로 누워서 잘 경우에는 팔다리를 똑바로 펴고 엄지 손가락을 나머지 손가락들로 가볍게 쥐도록 한다(그림 13-17).

3) 옆으로 누워서 잘 경우에는 척추를 곧게 펴고 오른쪽으로 눕는 것이 좋다. 이때 왼쪽 다리는 구부리고 오른쪽 다리는 곧게 뻗으며, 오른손 손바닥을 귀는 가리지 않게 하면서 머리에 대고 왼손 손바닥은 배꼽 위에 위치시키거나 편안히 엉덩이에 걸쳐 놓는다(그림 13-18).

4) 한편 옆으로 누워서 척추를 곧게 펴고 두 다리를 구부린 상태에서 두 손을 양쪽 허벅지 사이에 밀어넣고 턱을 가슴으로 당긴 채 자는 방법도 있다(그림 13-19). 이 방법은 불면증을 극복하는 데 있어서 큰 도움을 준다.

5) 몸에 꼭 끼는 옷은 입지 않으며, 좋은 베개를 고르도록 한

【그림 13-17】 엄지 손가락을 나머지 손가락들로 가볍게 쥔다.

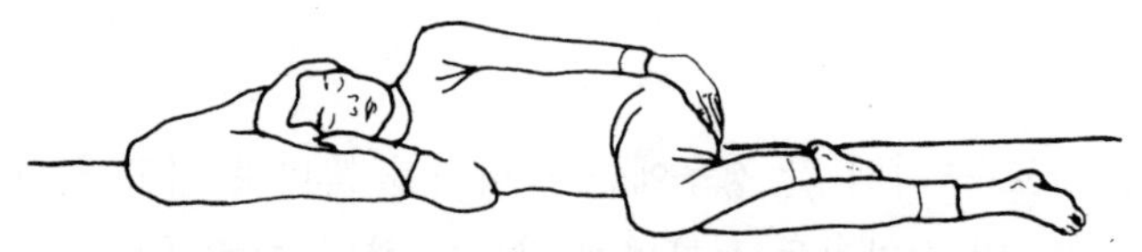

【그림 13-18】 오른손 손바닥은 머리에 대고 왼손 손바닥은 배꼽 위에 위치시키거나 편안히 엉덩이에 걸친다.

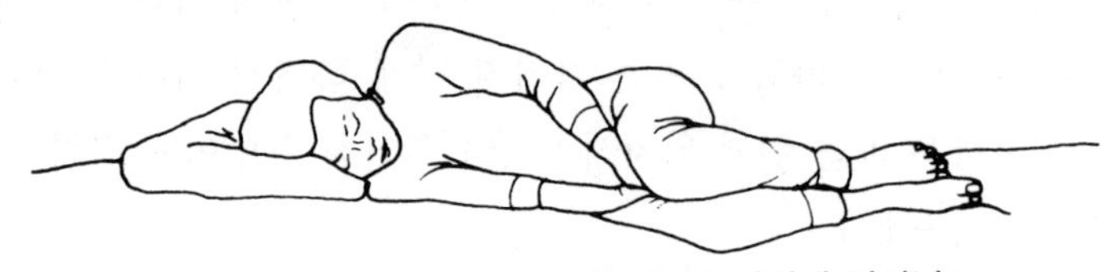

【그림 13-19】 두 손을 양쪽 허벅지 사이에 밀어넣고 턱을 가슴으로 당긴다.

다. 요즘은 머리뿐만 아니라 목도 받쳐 주는 좋은 제품이 많이 나와 있다.

6) 침실에 꽃을 놓아 두면 쾌면을 유도할 수 있다. 그러나 향기가 너무 강한 것은 꿈을 많이 꾸게 하므로 가능한 한 피한다.

18. 마지막 당부

무슨 수련법을 택하든 요점은 지속적으로 수련할 수 있느냐 하는 데 있다. 물론 이 책에 씌어진 수련법들을 실행하는 데 있어서도 역시 마찬가지이다. 매일같이 수련할 수 있다면 더욱 좋을 것이다. 그러나 도가의 기본 원칙 중 하나는 자연적 상황에 부합되는 유연성이다. 따라서 당신의 수련 계획표도 유연성 있게 짜여져야만 한다. 즉 당신의 개인적 스케줄에 알맞게 맞추라는 것이다.

시간 나는 대로 정해 놓은 부분 중 얼마씩이라도 행해 나가도록 하라. 만일 허파와 콩팥의 소리를 행할 만큼의 시간밖에 없을 때는 그것만을 행하라(단, 잠자리에 들 때는 피할 것). 또한 내면의 미소를 행할 수 있는 시간적 여유가 2분밖에 남아 있지 않을 때는 재빨리 '미소의 폭포'를 온몸에 쏟아부어라.

가장 중요한 것은 수련이 생활의 한 부분이 되게 하는 것이다. 생각날 때마다 미소를 몸속으로 흘려보내고 긴장을 풀어야 한다. 또한 언제나 어떤 증세를 고치고자 노력해야 하며 잠자리에 들기 전에는 치유 육성을 당연히 행할 정도가 되어야만 한다. 책을 읽거나 글을 쓰거나 또는 그와 비슷한 일들을 한 뒤에는 눈의 수련이 저절로 이루어져야만 한다. 두통이 생기면 자연스럽게 머리 위의 백회를 두드리거나 관자놀이를 마사지하고 콧날을 마사지해 주어야만 한다.

이 책에 씌어진 수련법들은 결코 실행자에게 부담감만 잔뜩 안겨 주는 그런 종류의 건강법이 아니다. 수련을 즐기면서 창의성을 발휘하여 당신의 삶의 일부가 되도록 하여 보라. 부디 그것들을 당신의 것으로 만들기 바란다. 당신은 틀림없이 보다 행복하고, 침착하고, 활력있고, 매력있는 인간으로 변모할 것이다.

기공마사지

초판발행 2000년 3월 15일

지은이 : 만탁 치아
옮긴이 : 김경진
펴낸이 : 배기순
펴낸곳 : 하남출판사

서울시 종로구 관훈동 198-16 남도BD
전화 (02)720-3211(代)/팩스(02)720-0312
홈페이지 http://www.hnp.co.kr
e-mail hanam@chollian.net

등록 제10-221호

ISBN 89-7534-123-2